Arduino で楽しむ 鉄道模型

内藤 春雄 著

簡単なプログラムで
信号機や踏切遮断機を動かす！

技術評論社

本書について

　レイアウトの必須アイテムといえば、信号機や踏切などではないでしょうか。ストラクチャーと一緒にこうしたアクサリーが線路わきに加わると、それだけでシーナリーが引き立ち、より実感的になります。さらに、これらがダミーではなく、車両の動きに合わせて光り、音が出て、動いたらどうでしょう。いっそう鉄道模型の楽しさが増すのではないでしょうか。

　実際、こうしたアクセサリーは市販されています。でも自分でつくって、マイコンで動かすことができるんです。手作りなら低予算ですみますし、自分のレイアウトに合った構造にもできます。使う材料もチップ LED からサーボモーター、細密パイプまで、ほとんどワンコインで手に入るものばかりです。インターネット通販を利用すれば、全国いつでもどこでも、お取り寄せできてしまいます。工作派のあなたなら、これをほうっておく手はありません。もっと実感的でシーナリーに溶け込めるアクセサリーをつくってみませんか。

　とはいえ、ここでハードルになるのが"マイコン"ではないでしょうか。鉄道模型の専門誌や、JAM（国際鉄道模型コンベンション）などには、マイコンを活用したさまざまなレイアウが登場し、ただただ目を見張ばかりです。でも、いざ自分でつくってみようと思うと、すぐに大きな壁にぶつかってしまいます。そう、マイコンは見た目こそムカデのように、足が何本も突き出たただの IC なんですが、ほかの電子部品のように配線しただけでは動いてくれません。じつは、マイコンはプログラムを書き込まないと使えないという、やっかいなシロモノなんです。

　チャレンジ精神に満ちた人なら、まずマイコンの勉強から始めようと思い、本屋に足を運び、関連したプログラミングの本を手に取ってみるかもしれません。しかし、そこに書かれているのは、不可解なアルファベットや、関数、変数、引数、戻り値といった、意味不明の言葉ばかりです。おそらく、本を開いて30秒もしないうちに「これはムリ」とあきらめてしまうのではないでしょうか。

　ところが、そんなマイコンも超かんたんにプログラミングできる製品があるんです。それは、アルディーノ（Arduino）というマイコンボードです。ボードという名の通り、初心者でも扱いやすいように、マイコンとその周辺部品が1つの基板（ボード）にまとまっています。しかも、自由に使えるサンプルのプログラム（Arduino では"スケッチ例"と呼んでいます）をダウンロードすれば、難しいことなどわからなくても、ワンクリックでマイコンを制御できます。さらに、スケッチ例には信号機、踏切警報機、遮断機、ターンテーブルなどに利用できるプログラムが数多くあるんです。

ただし、1つだけ大きな問題があります。

　そのスケッチはあくまで「サンプル」なんです。信号機や遮断機を思い通りに動かすには、スケッチのなかの数字の一部を書き換えたり、あるいは数行追加したり、削除したりしなければなりません。もちろん、追加するといっても難しいことはありません。別のスケッチ例からコピペして、ちょっと数字を直すだけでいいんです。

　そこで、スケッチ例をダウンロードしたとき、とりあえずそこに何が書かれているのか、おおよその検討をつけられるよう本書をまとめてみました。あとは自分のレイアウトに合わせて、アルファベットを追加したり、数字を書き換えたりするだけです。

　なのでこの本に関数、変数、引数、戻り値などの専門用語はいっさい出てきません。

　スケッチというのは Arduino を動かす言葉ですが、英単語をもとにしているので、意味が少しわかるだけでも、どんな指示をしているのか意外とイメージしやすいんです。この本はプログラミングの入門書でも、専門書でもありません。したがって、プログラミングを少しでも知っている人にとっては正確さに欠けた表現や、誤解を招きかねない解釈、混乱を招きかねない表現があるかもしれません。本格的に学びたい方は、ぜひ専門書を読むことをお勧めします。

　紹介するスケッチ例は、①「Blink（LEDの点滅）」、②「AnalogReadSerial（パソコンとの通信）」、③「IfStatementConditional（もしも文）」、④「Sweep（サーボモーター）」、⑤「tone Multiple（電子音）」、⑥「MotorKnob（ステッピングモーター）」の6つです。これらは、すべて Arduino の専用サイトからダウンロードできます。

　また、アクセサリーのつくりかたについても、作例をあげてみました。灯式信号機では3灯式から4灯式まで、さらに踏切遮断機や踏切警報機などもつくってみました。鉄道模型にとって主役はあくまでもレイアウトです。マイコンは、いわばサシミのツマといったところでしょう。

　なお、あわせてマイコンを使った電子工作では必須となる、電子回路の基本的な読みかたと、部品の集め方も紹介しました。もう少し専門的にいじってみたい人のためには、専門用語をちょっとだけ紹介した Part10も加えてみました。

　マイコンを思い通りに動かすことは決して難しくありません。求められるスキルはたったひとつ。先入観にとらわれず、チャレンジしてみよう、という意気込みだけです。

　本書で紹介したプログラムや電子工作などは、自己責任のうえトライしてくださいね。

著者

もくじ

Part ⓿ はじめに 〜Arduino で何ができる

マイコンってナニさ？ ··· **12**
まずは、マイコン以前の話から ·· **13**
IDE の構築までの手順 ·· **16**
Blink のサンプルスケッチで LED を点滅させてみよう ·············· **20**
製作スタート! Blink でハザードランプを点滅させる ··················· **25**

Part ❶ 交通信号機をつくろう

マイコンの言葉なんて慣れてしまえば、かんたん ···················· **30**
少しだけスケッチのルールを知ろう ···································· **34**
交通信号機のスケッチ ··· **35**
Arduino に書き込む ··· **39**
ブレッドボードに配線する ··· **41**
LED について ··· **43**
LED は小型で長寿命 ··· **45**
チップ LED なんか怖くない ·· **46**
はんだ付けのコツ ··· **47**
製作スタート! 交通信号機をつくる ·································· **49**

Part ❷ 暗くなるとストラクチャーが自動点灯

光センサーはレイアウトの必需品 …………………………………… 56

明るさの変化を数字で見る ………………………………………… 57

Arduino がパソコンと対話する …………………………………… 59

"もしも" という Arduino の便利な言葉 ………………………… 63

数字が大きいか、小さいかで判断する …………………………… 65

「○でなければ、□をしろ」と指示する ………………………… 66

製作スタート! 暗くなると屋台の赤提灯がつく ……………… 69

Part ❸ 2、3、4灯式信号機をつくろう

車両の通過を光センサーが感じる ………………………………… 72

2灯式信号機のスケッチ …………………………………………… 73

3灯式信号機のスケッチ …………………………………………… 76

4灯式信号機のスケッチ …………………………………………… 79

製作スタート! 3灯式信号機と4灯式信号機をつくる ……… 83

Part ❹ 踏切遮断機、腕木式信号機をつくろう

- サーボモーターとは……………………………………………………… 90
- サーボモーターを動かしてみよう……………………………………… 92
- 遮断機のスケッチを考える……………………………………………… 98
  - 【製作スタート!】踏切遮断機と腕木式信号機をつくる……………… 103

Part ❺ 踏切警報機をつくろう

- 警報音を出す……………………………………………………………… 110
- 踏切警報音をつくる……………………………………………………… 114
- 踏切警報音のスケッチ…………………………………………………… 116
- 光センサーを加える……………………………………………………… 119
- 遮断機の付いた警報機にしてみよう…………………………………… 124
  - 【製作スタート!】踏切警報機をつくる………………………………… 128

Part ❻ ターンテーブルを動かそう

- ステッピングモーターとは……………………………………………… 134

動かすにはトランジスタアレイが必要 ··· 136

サンプルスケッチはどれを使うのか ··· 139

サンプルスケッチのだいたいのイメージ ··· 141

配線してみよう ··· 143

アナログ値でステッピングモーターの動きを知る ····························· 145

製作スタート！ N ゲージでターンテーブルをつくる ····························· 151

Part 7　自動運転をしてみよう

Arduino をパワーパックにしてみよう ··· 158

自動運転にチャレンジ ··· 165

ポイントマシンを付けてみた ·· 170

製作スタート！ スイッチバックをつくる ··· 174

Part 8　500円マイコンをつくってみた

わずか 5 点の部品でマイコンをつくる ··· 182

ブートローダが大切 ·· 184

稼働テストをスタート ··· 188

USB でパソコンとつなげてみた ·· 191

Part ❾ パーツや回路のこと

回路図の見方……………………………………………………………………… **194**
買うのは実店舗か通販か………………………………………………………… **204**

Part ❿ 最後に、ちょっとだけ専門用語のこと

C言語の基礎知識………………………………………………………………… **208**
この本で使用したスケッチ……………………………………………………… **211**
  Part.1……………………………………………………………………… **211**
  Part.2……………………………………………………………………… **211**
  Part.3……………………………………………………………………… **212**
  Part.4……………………………………………………………………… **215**
  Part.5……………………………………………………………………… **216**
  Part.6……………………………………………………………………… **218**
  Part.7……………………………………………………………………… **218**

Part **0**

はじめに
～Arduino で何ができる

マイコンってナニさ？

　みなさんは「鉄道模型をマイコン（マイクロコンピュータ）で制御する」って聞くと、どう思いますか。電子工作の好きな人や、プログラムを書ける人なら別でしょうが、たいていは「扱うのが難しそう」「自分は理系でないからムリ」と、考えてしまうのではないでしょうか。そもそも、マイコンってなんだ？と思うかもしれません。

　簡単にいうと、マイコンとは指定したピンから、思い通りに電流を流せる装置のことです。ですから信号機に使えば、LEDの信号灯を緑、黄、赤と、好きな順番で、好きな時間だけ点灯させたり、点滅させたりできます。また、モーターに使えばパワーパックにさわることなく、スピードをコントロールしたり、前進や後進させたりもできます。

　とはいえ、こんな便利な装置も、プログラムを書き込まないと使えないのですから、おいそれとは手を出せません。

　じつは、この本で紹介するArduino（アルディーノ）は、2005年にイタリアで開発された初心者でも簡単に扱えるマイコンで、もともとは学生の教材用として開発された製品でした。しかし、いまでは全世界にユーザーが広がり、企業から学生、研究者まで多くの人たちに利用されています。USBケーブルでパソコンとつなげるだけで使え、プログラムも専用のソフトでつくれます。

　さらに、インターネットで検索すれば、"Arduinoファン"とも呼べる全世界のユーザーたちのつくった、さまざまなプログラムも見つけられます。

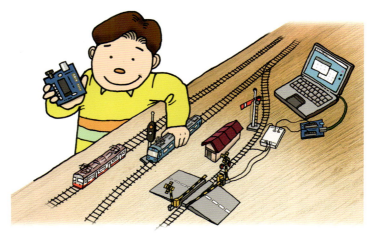

まずは、マイコン以前の話から

　この本を手にされた方の中には、マイコンのマの字も知らない方のほうが多いと思います。何を隠そう私もそうです（じつは今でも、よくわかっていません）。また、電子工作というと、たくさんの部品を基板にはんだ付けするのを思い浮かべ、はんだゴテの熱で半導体を壊さないか、ダンゴのようになったはんだでショートしないか、接続不良にならないか…などと、鉄道模型のキットの組み立てとは違う難しさを思い浮かべ、頭を抱えてしまうかもしれません。

　でも、そんな心配はありません。まず、Arduinoはブラックボックスだと思ってください。動く仕組みなんかわからなくても問題ありません。

　部品の配線に関してはブレッドボードという、すぐれモノがあります。ブレッドボードは、電子回路の試作や実験用に使う樹脂製の基板で、縦横にピンホールが並んでおり、そこに部品やジャンパーワイヤーと呼ばれる、ピン形状になった電線を差し込めば配線できます。これを使うとはんだ付けすることなく回路をつくれ、万が一配線を間違えても、ジャンパーワイヤーを差し替えるだけですから、心配無用です。

図0-1 ブレッドボードの両端は＋と－の電源用。部品はタテ方向に通電する部分に差し込む。写真の製品は上下2ブロックに分割されている。

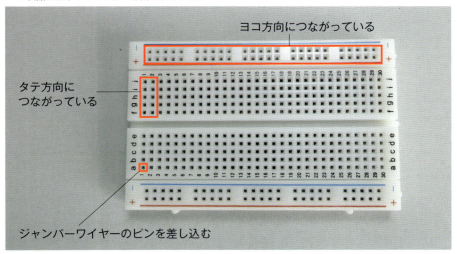

まずは、マイコン以前の話から

図0-2 これがジャンパーワイヤー

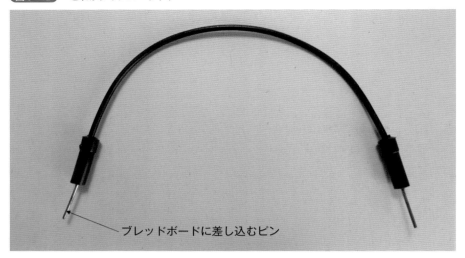

ブレッドボードに差し込むピン

　では、ここでマイコン制御の信号機をイメージしてみましょう。まずLEDを信号灯にしたHOゲージやNゲージの信号機があります。そして、その信号機からのびた電線がブレッドボードに差し込まれ、ブレッドボードからのびたジャンパーワイヤーが、Arduinoのピンソケットに差し込まれています。あとはArduinoから電流を流すだけです。だいたい、こんな姿を想像してください。

　Arduinoは電子部品やロボットを取り扱っている大型専門店などで購入できます。ネット通販でも購入できます。最初はブレッドボードや、ジャンパーワイヤーなどがセットにしたキットもお勧めです。価格はArduino UNO（標準的な製品）なら、3千円もしません。付属パーツの付いたスターターキットでも5千円あれば、お釣りがくると思います。また、本書で紹介した回路を組み込んだ実験ボードも㈱ビット・トレード・ワンから発売されています。

　Arduino UNOのサイズはタテ75mm×ヨコ53mm、基板の上に電子部品が並んでいて、いかにも"マイコン"って感じです。ちょっとだけ説明すると、写真（図0-3）の上下にある壁のように突き出た部分が、ピンソケットです。ここにジャンパーワイヤーを差し込みます。

　ピンソケットにはそれぞれ番号や記号が書かれていて、プログラムで指定されたピンソケットから電流を流します。写真のまん中よりやや下に、ムカデのように足の突き出た部品があります。これがArduinoの頭脳部分にあたるAtmel（アトメル）の8ビットマイコンです。同じく左上の四角い箱

状のものは USB コネクタで、ここにパソコンとつなぐ USB ケーブルを差し込みます。

写真の左下のほうにあるのが DC（直流）ジャックです。Arduino を動かす電気は、USB コネクタからパソコン経由で取ったり、AC アダプターから取ったりできます。パソコンの代わりに携帯電話の充電器なども使えます。詳しくは Arduino について書かれた本を参考にしてください。

図 0－3 Arduino UNO はこんな姿をしてる。

表 0－1 Arduino UNO R3 のスペック

動作電圧	5 V
入力電圧（推奨値）	7～12V
入力電圧（制限値）	6～20V
デジタル I/O ピン	14本（うち6本は PWM として使用可能）
アナログ入力ピン	6本
I/O ピン電流	40mA
供給可能な最大電流	50mA
DC ジャック	φ2.1

IDE の構築までの手順

　ところで、Arduinoではプログラムのことを"スケッチ"と呼んでいます。この言葉からも、マイコンを難しく考えず、もっと気楽にチャレンジしてみよう、という開発者の気持ちが伝わってきます。

　ですので、この本もこれ以降、プログラムのことをスケッチと呼ぶことにします。

　さて Arduino を購入したら、次にパソコン上でスケッチをつくったり、書き込んだりする専用のアプリをインストールしなければなりません。こうした専用アプリを使うことを「統合開発環境（IDE）の構築」といいます。

なんとも難しそうな言葉ですが、やることはインターネットから専用のソフトをダウンロードして、パソコンにインストールするだけです。ゲームやフリーソフトをダウンロードした経験のある方なら、決して難しくありません。

　では、Windows 10のパソコンでIDEを構築してみましょう。まず、インターネットで Arduino のオフィシャルサイト（https://www.arduino.cc）を開き、上のバーに表示されたメニューの中から SOFTWARE（ソフトウエア）を選びます。

図0－4　Arduinoのホームページ（Arduino - Official Site）https://www.arduino.cc から、SOFTWARE を選ぶ。

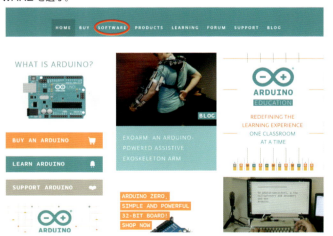

すると、いろいろなソフトが表示されるので、ここからDownload the Arduino IDE（ダウンロード ザ アルディーノ IDE）のArduino 1.8.5を探し、右側にある対象OSの中のWindows Installerを選んでクリックします。

するとContribute to the Arduino Softwareが表示されるので、下のほうにある2つのメニューのうちJUST DOWNLOAD（ジャスト ダウンロード）をクリックします。画面の下にパソコンに保存するかどうか聞いてきますから、「保存」をクッリクし

ます。自動的にダウンロードが始まり、終了したら「実行」をクリックします。

IDEソフトを使用するさいの許諾などを聞いてくるので、「I Agree（同意する）」→「Next」→「Install（インストール）」と、それぞれクリックします。インストールが終わったら「Close」クリックして終了です。英語ばかり出てくるので、ちょっと緊張するかもしれませんが、マウスを動かすだけですから作業はいたって簡単です。

図 0 － 5　① Download the Arduino IDE　Arduino 1.8.5から、Windows Installer を選ぶ。

IDE の構築までの手順

図0-6 ② JUST DOWNLOAD をクリックして「保存」を選び、ダウンロードしたら「実行」をクリックする。

図0-7 ③ I Agree（同意する）をクリックする。

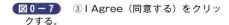

図0-9 ⑤ Install（インストール）をクリックする。

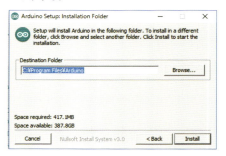

図0-8 ④ Next（次）をクリックする。

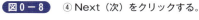

図0-10 ⑥インストールされるのを待つ。

18

Part ⓪ はじめに〜 Arduino で何ができる

図 0 －11 ⑦インストールが終わったら Close をクリックして終了。

　最後に 1 つだけ確認しておきたいことがあります。パソコンが Arduino とちゃんと通信できるかどうか、その通信の出入り口を見ておくことです。

　方法は、まず Arduino とパソコンをつなぎ、次にパソコンの「デバイスマネージャー」を開いて、「ポート（COM と LPT）」をクリックし、そこに Arduino Uno（COM ＊）が入っているかどうか確認します。私のパソコンでは Arduino Uno（COM 3）となりました。

　もし表示されないときは、Arduino のドライバを組み込む必要がありますが、インターネットを検索すればドライバの組み込み方法から、Arduino IDE のダウンロード、インストール方法、デバイスマネージャーや COM ポート番号の確認方法まで、さまざまな情報が多数出てくるので、これらも参考にしてください。

図 0 －12　Arduino とパソコンを USB ケーブルでつないだら、パソコンのデバイスマネージャーを開き、ポート（COM と LPT）に Arduino Uno が入っているかを確認し、その COM 番号（ポート番号）を覚えておく。この場合は COM 3。Arduino と通信するときに必要になる。

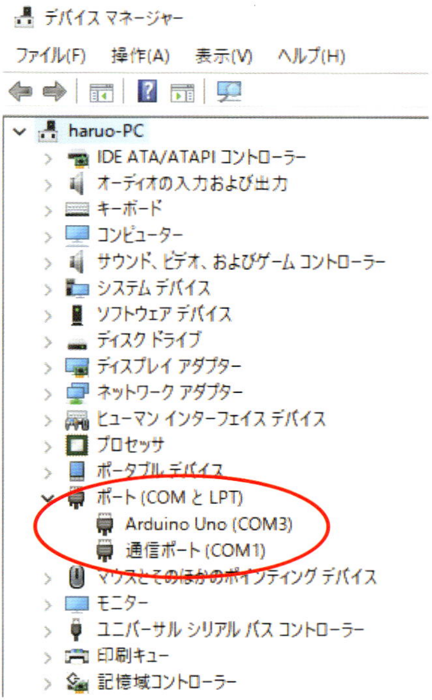

19

Blink のサンプルスケッチで LED を点滅させてみよう

さっそく、サンプルスケッチで LED をチカチカと点滅させてみましょう。サンプルスケッチとは、Arduino に初めから用意されているスケッチのことです。サーボモーターやステッピングモーターといった、さまざまな種類のモーターのサンプルスケッチも用意されているので、そのまま Arduino に書き込めば動かすことができます。

Arduino をパソコンと USB ケーブルでつないで動かしてみましょう。アイコンをクリックすると、IDE（統合開発環境＝専用ソフトのこと）が起動して図 0 －13のような画面が表れます。ここで知っておきたいのはツールバーにあるアイコンの意味です。左から 2 番目の「 ● 」のアイコンは、スケッチ・エディタでつくったスケッチを Arduino に書き込むときに使うので、覚えておきましょう。

図 0 －13　Arduino の IDE はこのように構成されている。

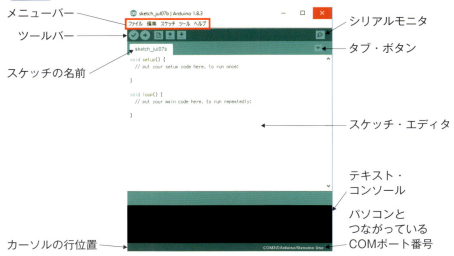

Part ⓪ はじめに～ Arduino で何ができる

図0-14 ツールバーのアイコンにはそれぞれ意味がある。

- 検証・コンパイル
- 新規のファイル
- 保存
- スケッチを開く
- Arduinoに書き込む

次にメニューバーの「ファイル」を選びます。その中の「スケッチ例」を開き「01.Basics」へと進み「Blink（ブリンク）」をクリックします。するとスケッチ・エディタにBlink（点滅）のサンプルスケッチが表れます。何が書かれているのか、読まなくても結構です。この状態で先ほど紹介したツールバーの ▶ をクリックすると、書き込みが始まります。「スケッチをコンパイルしています」→「マイコンボードに書き込んでいます」→「ボードへの書き込みが完了しました」という表示が、下のほうに表示されると思います。

図0-15 「ファイル」→「スケッチの例」→「01.Basics」→「Blink」の順でクリックする。

21

Blink のサンプルスケッチで LED を点滅させてみよう

図0-16 これが「Blink」(点滅) のサンプルスケッチ。

図0-17 のアイコンから Arduino にスケッチを書き込む。

ここをクリックする

書き込んでいるときは Arduino の真ん中あたりにある3つの LED がチカチカ点滅します。しばらくすると、「L」と表記された LED だけが、1秒ごとに点滅を繰り返すようになります。これはスケッチを読み込んで、その指示通りに動いているからです。「え。これだけでマイコンって動くの？」と、まだ半信半疑ではないでしょうか。

Part 0　はじめに～Arduinoで何ができる

図0-18　「L」「TX」「RX」と表示された3つのLEDがタテに並んでいる。このうち「L」が13番ピンに接続したLEDと同じように点滅する。

　では、スケッチ・エディタの画面の下から2行目と4行目にある、delay(1000);という文字列の(1000)にカーソルをあて、それぞれを(500)と書き換えてください。このとき、前後にある文字や記号を絶対に消さないよう注意してくださいね。そして、もう一度ツールバーの ▶ をクリックして書き込みます。すると、今度は0.5秒ごとのもっと早い点滅に変わるはずです。どうですか、マイコンって結構簡単に扱えると思いませんか。

図0-19　delay(1000); の数字を500に書き換える。

```
void setup() {
  // initialize digital pin LED_BUILTIN as an output.
  pinMode(LED_BUILTIN, OUTPUT);
}

// the loop function runs over and over again forever
void loop() {
  digitalWrite(LED_BUILTIN, HIGH);   // turn the LED on (HIGH is the voltage level)
➡ delay(1000);                       // wait for a second
  digitalWrite(LED_BUILTIN, LOW);    // turn the LED off by making the voltage LOW
➡ delay(1000);                       // wait for a second
}
```

　もし書き込めないときはメニューバーの「ツール」から「シリアルポート」の部分をみて、前述のデバイスマネージャーの「ポート（COMと

LPT）」で確認したArduino Uno（COM＊）と、COM番号が同じになっているかを見てください。私の場合は「シリアルポート："COM 3（Arduino/Genuino Uno)"」と製品名入りで表記されています。うまくいかないときは、一度すべてを終了させて、パソコンとIDEを再起動すると改善することもあります。

Blinkのサンプルスケッチを使い、今度はブレッドボード上で実際にLEDを点滅させてみましょう。用意するのはジャンパーワイヤー、LED、1kΩのカーボン抵抗です。

ブレッドボードにLEDをさしたら、－側をArduinoのGNDと表記されたピンソケットにジャンパーワイヤーでつなぎ、＋側は1kΩの抵抗を通って同じく13と表記されたピンソケット（13番ピン）につなげます。

LEDが点滅したら、サンプルスケッチのdelay（1000）；の1000の数字を変えてみましょう。小さくすれば点滅時間が短く、多くすれば長くなります。ちなみにGNDはグランドと読み、－と同じだと思ってください。

LEDの点滅を自在に操れるようになれば、看板のイルミネーションや工事中のコーンなど、さまざまなストラクチャーやアクセサリーに使えますね。

図0-20　LEDの－側をArduinoのGND、＋側は1kΩのカーボン抵抗経由で13番ピンにつながる。LEDは足の長いほうが＋側になる。

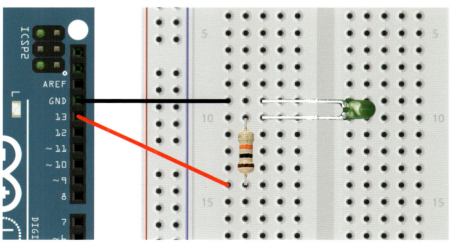

Part 0　はじめに～ Arduino で何ができる

製作スタート！

Blink でハザードランプを点滅させる

では作例として、Blink でタクシーのハザードランプをつくってみましょう。ハザードランプなら、夜景をつくらなくても LED を楽しめます。Arduino で黄色の LED を点滅させ、それを光ファイバーでタクシーに導く仕組みです。

LED は直径 3 mm の砲弾型 LED を使いました。なお、LED には＋と－の極性と、点灯させるためにちょうどいい電流の値、それにさまざまな形状や大きさがあります。詳しくは Part.1で紹介していますので、そちらを参

図 0 －21　用意したのはハザードランプを付けたいNゲージのタクシーと、光源になる LED、熱収縮チューブ直径1.5mmと同3 mm、光を導く光ファイバー。タクシーのフロントとリアのそれぞれ左右で点滅するので光ファイバーは 4 本必要。適当な長さに切断し、セロテープで一束にまとめた。

図 0 －22　これが鉄道模型店などで販売している光ファイバー。直径0.5mm × 3 mで300円だった。光ファイバーは、透明のファイバーの中を光が進むので、LED の明るさをそのまま伝えられる。これだけの長さがあれば、いろいろなアクセサリーやストラクチャーに使えそう。

図 0 －23　光ファイバーは光を拡散せずに直進するので、写真のようにファイバーの断面だけが明るくなり、広い範囲を照らすのは難しい。電球のように使いたいならチップLEDを使うほうがいいかもしれない。

図 0 －24　熱収縮チューブを使って、光源になる LED と光ファイバーをつなげる。4 本の光ファイバーは直径1.5mmの熱収縮チューブに通し、加熱して 1 本の束にまとめる。LED には同 3 mm をかぶせ、光ファーバーを差し込んで加熱し、全体を一体にする。写真左側が光ファイバーで右側に LED。1 つのパーツのようになった。

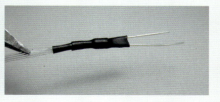

Blink でハザードランプを点滅させる

照してください。光ファイバーは電子パーツショップをはじめ、鉄道模型店、DIY 店などでも扱っており、比較的手に入れやすいと思います。

　LED と光ファイバーは熱収縮チューブでつなぎます。熱収縮チューブは加熱すると収縮する樹脂製のチューブのことで、配線に使用します。秋葉原（東京）や日本橋（大阪）などの電気街で扱っており、一般に売られているのは直径1.5mm、同3mm、同6mm で、色もクリア、黒、赤の3色で、1

図0－25　タクシーのハザードランプの位置を確認したら、まず0.3mmのシャープペンシルで印を付け、そこを針で押して凹マークを付け、それをガイドに直径0.5mmのドリルで慎重に穴をあける。ボディはバイスで固定してもいいが、形状が小さく複雑なため、指の間に挟んでピンバイスで穴をあけてみた。ほかの部分に傷をつけないよう作業するので緊張する瞬間。

図0－26　シャーシと座席の両方に光ファイバーの通る穴をあける。

図0－27　シャーシと座席の中央にあけた大きな穴から光ファイバーを通す。ゆるやかな曲線で曲がるよう、座席は大きめの穴をドリルで開け、ヤスリで楕円形に仕上げた。ハザードランプの穴に通して瞬間接着剤でとめ、不要部分を切れば終わり。あとはシャーシに座席を取り付け、ボディをかぶせて完成。

図0－28　LED をブレッドボードにさして実験。delay（500）にして0.5秒間隔で点滅すれば OK だ。

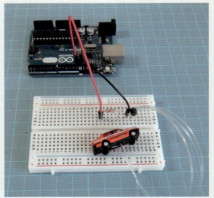

26

本の長さは 1 m です。

　取り付け方は熱収縮チューブを LED と光ファイバーに被せ、ヘアドライヤーなどで加熱します。すると、あっという間に縮んで隙間なくピッタリと覆ってくれます。うまく収縮しないときは、ライターで瞬間的にあぶる方法もありますが、光ファイバーに炎があたると、たちまち変形してしまうので注意しましょう。

　また、光ファイバーは直角に折り曲げると光が通らなくなります。シャーシや座席にあけた穴を通すときは、できるだけ穴を大きくして、ゆるやかに通すようにします。途中に出っ張りや障害物がある場合は、ニッパで取り除いておきます。

　最初にブレッドボードに配線し、熱収縮チューブで接続したときや、座席で水平に光ファイバーを曲げたときなど、製作の工程ごとに LED の点滅する光が導かれているかどうか、確認しながら進めれば間違いないと思います。

図 0－29　ハザードランプを点滅させるタクシーの完成。地面に穴をあけてタクシーを置けば、光ファイバーも隠れてしまう。

Part ①
交通信号機を
つくろう

マイコンの言葉なんて慣れてしまえば、かんたん

　Blink（ブリンク）でタクシーのハザードランプを点滅させることができました。では、もう一度スケッチ・エディタの画面に戻り、今度はもう少しくわしく具体的にサンプルスケッチを見てみましょう。画面にはリスト1－1のように表示されています。

リスト1－1

```
/*
  Blink
  Turns on an LED on for one second, then off for one second,
  repeatedly.

  Most Arduinos have an on-board LED you can control. On the UNO,
  MEGA and ZERO
  it is attached to digital pin 13, on MKR1000 on pin 6. LED_BUILTIN
  is set to
  the correct LED pin independent of which board is used.
  If you want to know what pin the on-board LED is connected to on
  your Arduino model, check
  the Technical Specs of your board at https://www.arduino.cc/en/
  Main/Products

  This example code is in the public domain.

  modified 8 May 2014
  by Scott Fitzgerald

  modified 2 Sep 2016
  by Arturo Guadalupi

  modified 8 Sep 2016
```

Part **1** 交通信号機をつくろう

```
by Colby Newman
*/


// the setup function runs once when you press reset or power the
board
void setup( ) {
  // initialize digital pin LED_BUILTIN as an output.
  pinMode(LED_BUILTIN, OUTPUT);
}


// the loop function runs over and over again forever
void loop( ) {
  digitalWrite(LED_BUILTIN, HIGH);
                    // turn the LED on (HIGH is the voltage level)
  delay(1000);      // wait for a second
  digitalWrite(LED_BUILTIN, LOW);
                    // turn the LED off by making the voltage LOW
  delay(1000);      // wait for a second
}
```

全部英語なので、ワッ！と思うかも
しれません。英語の得意な人はどうぞ
読んでください。でもご安心を。最初
に出てくる /* から */ の間の19行の英
文（アミかけした部分）は、スケッチ
ではなく英語で書かれた説明文です。
スケッチはその下の部分だけです。さ

らに、途中の行にある //（ダブルス
ラッシュ）に続く英語も説明文なの
で、これもスケッチとは直接関係あり
ません。
　つまり、スケッチだけを抜き出すと
リスト１－２のようになります。読み
方も入れました。

リスト１－２

```
void setup( ) {
  pinMode(LED_BUILTIN, OUTPUT);


}
void loop( ) {
```

📖 **読み方**

ボイド セットアップ（　）{
ピンモード (LED_ ビルトイン ,
アウトプット)；
}
ボイド ループ（　）{

31

マイコンの言葉なんて慣れてしまえば、かんたん

```
digitalWrite(LED_BUILTIN,
HIGH);
delay(1000);
digitalWrite(LED_BUILTIN,
LOW);
delay(1000);
}
```

```
デジタルライト (LED_ ビルトイ
ン , ハイ );
ディレイ (1000);
デジタルライト (LED_ ビルトイ
ン , ロー);
ディレイ (1000);
}
```

なんのことはない、たった11行です。とはいえ、ここからいきなり頭の痛くなるような話が始まります。

でも、本はまだ閉じないでくださいね。スケッチは思っているほど難解ではないんです。

まず、注意して見てほしいのは、出てくる言葉です。setup（セットアップ）とか、digital（デジタル）とか、Write（ライト）とか、あるいはHIGH（ハイ）や、LOW（ロー）とか、何となくどれも英単語に似ていませんか。

あとは { }（波カッコ）や（ ）（カッコ）、;（セミコロン）です。じつは、マイコンの言葉は英語を起源としているので、このような文字や記号を駆使して、スケッチは書かれているんです。ただし、マイコンは IC 部品の１つなので、もし、１つでも文字の綴りが間違っていたり、記号が抜けていたりすると「意味不明の指示でわからない！」とばかりに、エラーメッセージが画面下のテキストコンソールに表示され、マイコンに書き込めなくなります。なので、アルファベットは大文字や小文字にも注意しましょう。スケ

ッチに書かれているカッコや数字、それにコンマなどの記号のすべてに、意味があると考えてください。

マイコンの言葉は面倒くさい、と思うかもしれませんが、でも私たちは文法など気にせず、フツーに日本語を毎日話しています。慣れてしまえばマイコンの言葉もさほど苦になりません。それに、クイズや暗号を解くような面白さも出てきます。スケッチさえ間違えなければ、マイコンは必ず思い通りに動いてくれるので、すぐに夢中になると思います。

さて、あらためてスケッチに戻ってみましょう。この11行は LED を点滅させるためのスケッチなんですが、もう一度ジッと見ていると、ソモソモこれは英語なのか何なのか、ただの記号の羅列なのか、もう一度、頭の中に？マークがたくさん並ぶと思います。

そこで、この11行のスケッチを人間の言葉に翻訳してみました。リスト１－３のような感じになると思います。

たぶん、これだけではなんのことだかサッパリわかりませんよね。そこで、ちょっと解説してみます。まず、ここでいう「電流」とは Arduino か

Part ❶ 交通信号機をつくろう

リスト1-3

```
void setup( ) {
  pinMode(LED_BUILTIN, OUTPUT);
}
void loop( ) {
  digitalWrite(LED_BUILTIN, HIGH);
  delay(1000);
  digitalWrite(LED_BUILTIN, LOW);
  delay(1000);
}
```

スケッチが動くよう、次のように準
備しろ

LED_ ビルトインに電流を流せるよ
うにしろ

次の仕事を繰り返せ

LED_ ビルトインに電流を流せ

1秒間はそのままの状態

LED_ ビルトインに電流を流すな

1秒間はそのままの状態

ら出力する5Vのことです。

つまり、このスケッチは5Vの電流
を2行目以降に出てくる「LED_
BUILTIN」(LED_ ビルトイン)に出
したり、出さなかったりする指示をし
ています。LED_BUILTINとは、
Arduino のボードに最初から組み込ま
れているLEDのことで、Part.0の図
0-18で「L」と表示された部分です。

使われている言葉を全部理解する必
要なんてありません。ポイントになる
大切な言葉だけ押さえておけば、スケ
ッチに何が書かれているのか、だいた
いの内容をイメージできます。

ポイントは4つです。1つは、2行
目の pinMode(ピンモード)です。
pinMode の「pin」とは、ムカデの
足のようにマイコンから突き出ている
ピンのことで、どのピンを OUTPUT
(アウトプット=電流の出口)にする
のかを指示しています。

つまり pinMode(LED_BUILTIN,

OUTPUT); は、LED_BUILTIN とつな
がっている足に電流を流せるようにす
る、という意味になります。

2つ目のポイントは、5行目と7行
目に出てくる digitalWrite(デジタル
ライト)です。digitalWrite の「digital」
とは、一般にアナログとかデジタルと
か言われている、あのデジタルのこと
です。マイコンでキモになるのがまさ
に、このデジタルでの出力なんです。

デジタルとは、電流を波のような形
ではなく、歯車の歯のようなデコボコ
形状にして出すことで、デコボコにな
っている山の部分が、出力している状
態の HIGH(ハイ)。これとは逆に、
山と山の間の谷の部分が出力していな
い状態、つまり0VとなりLOW(ロ
ー)となります。digitalWrite の
「Write(ライト)」とは、英語で書
く、記すという意味ですが、スケッチ
では「出力」となります。

33

少しだけスケッチのルールを知ろう

どうでしょうか、ここまで読むと digitalWrite(LED_BUILTIN, HIGH); と、digitalWrite(LED_BUILTIN, LOW); の意味が、なんとなくわかってきたのではないでしょうか。

つまり digitalWrite とは、指定したピンに 5 V もしくは 0 V を出力するように指示する言葉で、その指定先が LED_BUILTIN になるのです。

3 つ目のポンイントは、下から 2 行目と 4 行目にある delay(1000); の delay（ディレイ）です。英語の辞書を引くと「遅らせる」とか、「延ばす」という意味で載っていますが、マイコンでは「指定した時間だけスケッチの流れを止める」という意味で使われます。

マイコンは上から下に 1 行ずつ順番に、スケッチの指示通りの動きをします。したがって、delay があると、その行でスケッチの流れが止まります。このスケッチを止めている時間が、delay(1000); の 1000 の部分です。この数字の単位は mm（ミリ）秒で、1000mm 秒は 1 秒になります。

delay(1000); があると、その直前のスケッチの digitalWrite(LED_BUILTIN, HIGH); や、digitalWrite(LED_BUILTIN, LOW); が、その状態のまま 1 秒間止まるので、HIGH で点灯したら 1 秒間、LOW で消灯したら 1 秒間、そのままになります。

そして、4 つ目のポイントは、上から 4 行目の void loop( ) {（ボイドループ ( ) {）です。void loop( ) の loop（ループ）とは英語で "輪" のことで、この言葉の後に続く { } の中の指示を無限に繰り返えします。

もう、おわかりだと思います。HIGH で点灯し、次に LOW で消灯する動きを無限に繰り返すので、delay(1000) にすると、1 秒ごとに点滅することになります。

ところで、このほかの言葉に 1 行目の void setup( ) がありますが、これも同じように { } の中が void setup( ) の対象になります。void setup( ) と void loop( ) は Arduino のスケッチには必ず入れなければならない言葉なので、頭の隅でも入れておきましょう。

ちなみに、リスト 1 − 1 のスケッチで、/*～*/ や、// に入る説明文は日本語でも構いません。スケッチだけがズラズラ並んでいると、あとから見返したときマイコンに何を指示したかったのか、そもそも何を目的に作ったのか、忘れてしまうこともあります。また、これを入れておくと、他人に見せたときに何のスケッチなのか説明しなくてもわかってもらえます。

Part **1** 交通信号機をつくろう

交通信号機のスケッチ

ところで、なぜ最初に LED を点滅させる Blink のスケッチを紹介したのかというと、これを応用すると信号機をはじめとするさまざまなアクセサリィに利用できるからなんです。

たとえば、緑、黄、赤と順次点灯する交通信号機に使うなら、電流を流すピンを 3 つ指定し、順番に点灯させればいいことになります。

さっそく LED を点滅させるスケッチを使い、交通信号機のスケッチをつくってみましょう。エッ、いきなり！

と思うかもしれません。でも、じつに簡単です。コピペで数行増やし、数字を書き換えるだけですから、ほとんどゲーム感覚でできてしまいます。

まず、最初に知っておきたいことがあります。LED に電流を流すピンを指定しなければならないのですが、さきほどの Blink のスケッチにはどこにもピン番号ありません。たとえば、最初の 3 行はリスト 1 － 4 のようになっています。

リスト 1 － 4

```
void setup( ) {

  pinMode(LED_BUILTIN, OUTPUT);
}
```

スケッチが動くよう、次のように準備しろ

LED_ ビルトインに電流を流せるようにしろ

pinMode の と こ ろ に は、LED_BUILTIN, としか書いてありません。ここで思い出してほしいのは、Part.0 で LED の点滅実験をした際に、ボード上の「L」の LED が点滅したことです。このとき、13番ピンを使用して

も同じように点滅したことを覚えていますか（図 0 －20）。じつは「LED_BUILTIN,」は13番ピンと同じ働きをしているのです。つまり、LED_BUILTIN はピン番号の13に置き換えることができるのです。

リスト 1 － 5

```
void setup( ) {
```

スケッチが動くよう、次のように準備しろ

35

交通信号機のスケッチ

```
pinMode(13, OUTPUT);

}
```

13番ピン（LED_ビルトインと同じ）に電流を流せるようにしろ

というわけです。全部13番ピンに書き換えるとリスト1-6のアミかけしたようになります。

リスト1-6

```
void setup( ) {
  pinMode(13, OUTPUT);
}
void loop( ) {
  digitalWrite(13, HIGH);
  delay(1000);
  digitalWrite(13, LOW);
  delay(1000);
}
```

このほうが、出力ピンとしてわかりやすいですよね。

図1-1　Arduino UNO にはデジタル入出力できるピンが0番から13番まである（この他、A0〜A5も利用できる）。

13番ピン　12番ピン　11番ピン

LED_BUILTINのLEDは最初からボードに組み込まれている

Part ❶ 交通信号機をつくろう

　それでは、まずスケッチ・エディタに書かれた Blink のスケッチを全部書き換えてしまいましょう。英語の説明文が邪魔なら、注意しながら、/* から */ の21行と、// 以下の説明文を消しても構いません。また、書き換えるさいは、数字のあとの「.」を忘れないようにしてください。

　このスケッチをもとにピンをあと2つ増やして緑、黄、赤の LED を順番に点灯させます。点灯時間も好きなように設定できます。作例では緑15秒、黄を5秒、赤を10秒にしてみました。

　ピン番号には12番と11番を加えました。方法は、pinMode(13, OUTPUT); を2回コピペして、12番、11番ピンとして書き換えます（リスト1-7）。

リスト1-7

```
void setup( ) {
  pinMode(13, OUTPUT);
  pinMode(12, OUTPUT);
  pinMode(11, OUTPUT);
}
```

　これで13、12、11番ピンから出力する準備が整いました。次に、出力を指示する digitalWrite と、点灯時間を指示する delay も同じようにコピペして増やします（リスト1-8）。各ピンとも Blink と同じように、HIGH のあとに delay で時間を設定し、次に LOW にします。

　13番ピンの部分をまとめてコピペし、それぞれを12番ピンと11番ピンに書き換え、あとで delay の数字だけ書き換えると手間もかかりません。

　delay は緑になる13番ピンを15秒点灯させるので15000mm 秒、黄の12番ピンは5秒で5000mm 秒、赤の11番ピンは10秒で10000mm秒になります。

リスト1-8

```
digitalWrite(13, HIGH);
delay(15000);
digitalWrite(13, LOW);
digitalWrite(12, HIGH);
delay(5000);
digitalWrite(12, LOW);
```

交通信号機のスケッチ

```
digitalWrite(11, HIGH);
delay(10000);
digitalWrite(11, LOW);
```

　どうでしょうか、思ったより簡単にできたのではないでしょうか。もしも途中で間違えてしまったら、メニューバーの「編集」に「元に戻す」がある

ので、ワンクリックで1つ前に戻れます。スケッチ全体はリスト1－9のようになります。

リスト1－9

```
void setup( ) {
    pinMode(13, OUTPUT);
    pinMode(12, OUTPUT);
    pinMode(11, OUTPUT);
 }
void loop( ) {
    digitalWrite(13, HIGH);
    delay(15000);
    digitalWrite(13, LOW);
    digitalWrite(12, HIGH);
    delay(5000);
    digitalWrite(12, LOW);
    digitalWrite(11, HIGH);
    delay(10000);
    digitalWrite(11, LOW);
}
```

Part ❶ 交通信号機をつくろう

Arduino に書き込む

　スケッチが完成したらArduinoに書き込みます。書き込む方法は、Part.0で紹介したのと同じように 🔵 をクリックします。このとき、スケッチを正確にコピペしていなかったり、文字を書き換えるさいに、前後の記号や文字を誤って削除していたりすると、不完全なスケッチになり、エラーメッセージが表示され、書き込めません。エラーメッセージが出たら、もう一度、スケッチをよく確認してみてください。

図1-2 スケッチが間違っているとエラーメッセージが画面の下に出る。コピペしたときに文字列の最後にある「；」や「，」を誤って消してしまうことが多いので、注意深く行いたい。

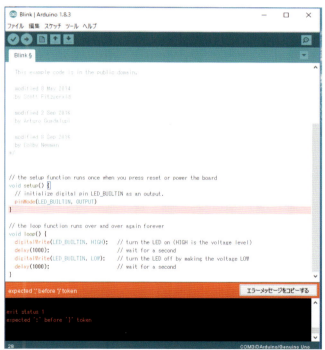

　なお、ツールバーには 🔵 のとなりに、スケッチの検証・コンパイルを行う 🔵 のアイコンもあります。このアイコンをクリックすると、書き込む前にスケッチが正しいかどうかチェックできます。もし正しくなければ、同じ

39

ようにエラーメッセージが出るので、事前にわかります。

ちなみに「コンパイル」というのは、マイコンの専門用語で、Arduinoに読めるようスケッチを機械語に翻訳する、という意味です。じつは、Arduinoなどのマイコンは、スケッチ（プログラム）で直接動いているのではなく、機械語という別の言葉で動いています。このスケッチを機械語に翻訳することをコンパイルと呼んでいます。

また、スケッチを保存するにはメニューの「ファイル」から「保存」を選びます。

図1－3　✓ をクリックすると検証・コンパイルがはじまる。

検証・コンパイルのアイコン

図1－4　交通信号機のスケッチを書き込む。パソコンとArduinoを接続し準備完了だ。

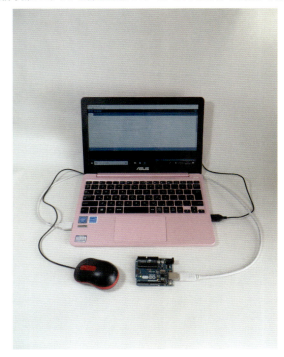

Part ❶ 交通信号機をつくろう

ブレッドボードに配線する

　配線するさいは、Arduinoとパソコンを結ぶUSBケーブルをはずしておきます。電流が流れている状態で配線し、ジャンパーワイヤーのつなぎ方を間違えていると、最悪の場合ショートしてArduinoを壊してしまうことも考えられます。配線は、まず電流の流れていないブレッドボーに部品を並べ、つなぎ方が間違っていないかどうか確認したあとUSBケーブルをArduinoとつなぎます。

図1－5 ジャンパーワイヤーにはさまざまな種類がある。写真のタイプなら短い配線にも便利。いろいろ用意しておくとスッキリした配線ができそう。

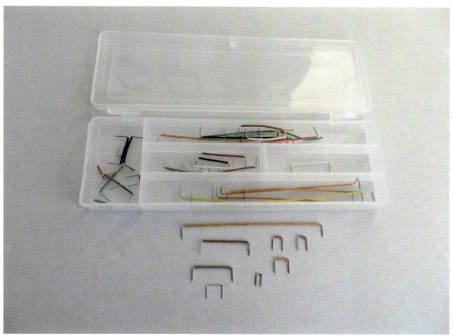

　交通信号機の配線は、図0－20のBlinkのサンプルスケッチのときと同じように、LEDと1kΩのカーボン抵抗で行います。ブレッドボードに緑、黄、赤の3つのLEDを取り付けたら、それぞれの－側をブレッドボード経由でArduinoのGNDにつなぎます。

GNDとは−のことです。LEDの＋側は、それぞれ１kΩの抵抗を通り、同じようにArduinoのソケットにつながるようにしますが、ただしLEDごとにピンソケットの番号が変わります。緑は13（13番ピン）、黄は12（12番ピン）、赤は11（11番ピン）となります。なお、ピンソケットとピンは、プラグとコンセントの関係と似てお

り、呼び方が違うだけで、13番ピンも13番ピンソケットも同じです。

では、実際にスケッチ通りにLEDが点灯するのか実験してみます。USBケーブルでパソコンに接続すると、最初にArduinoの13番ピンにつないだLEDが15秒間点灯し、順次、黄、赤と切り替わるはずです。

図１−６ 交通信号機の回路はLEDと１kΩのカーボン抵抗を３つずつ使用する。

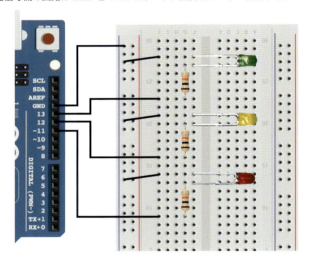

Part ① 交通信号機をつくろう

LEDについて

　実験が成功したら、さっそく交通信号機の製作に取りかかってみたいと思います。その前に少しだけLEDの種類と特徴について紹介しておきます。すでに多くの方がご存知だと思いますが、LEDは発光ダイオードといって、ダイオードという電子部品の1つで、電流を流すと発光するのが特徴です。

　ですからムギ球などとは違い、＋とーがあります。また、流す電流も決められた値でなければならないという、ちょっと面倒くさい部品です。たいていの人は電流を流す抵抗値の計算で「やめた！」と思ってしまいがちです。でも、鉄道模型で使う程度なら面倒な計算をしなくても、ちょっと暗めになりますが、1kΩのカーボン抵抗を使えば、じゅうぶん点灯させられます。それにCRD（定電流ダイオード）を使う方法もあります。詳しくはPart.9で紹介していますので、そちらをご覧ください。

図1－7　直径3mmの砲弾型LED。左側の先端部分が発光するところ。2本の足がそこから突き出ており、そのうちの1本は短い。短いほう（写真上）を－につなぎ、もう一方を抵抗やCRDを介して＋につなげる。

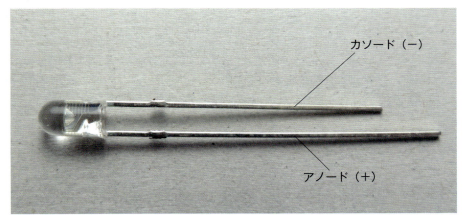

カソード（－）

アノード（＋）

43

LED について

図1-8 写真上は CRD。長さ5mm 程度のガラスに封入されてる。ダイオードなので、LED と同じように＋とーがある。写真下はカーボン抵抗。

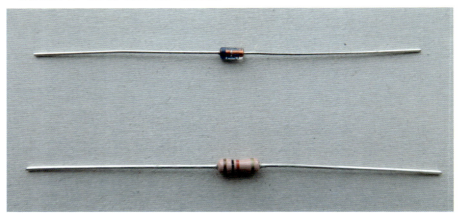

図1-9 一口に LED といっても、たくさんの種類が販売されている（秋月電子通商のホームページ http://akizukidenshi.com/catalog/c/cled/ より）。

Part ❶　交通信号機をつくろう

LEDは小型で長寿命

　LEDの魅力は長寿命で、なんといってもサイズが各種あることです。年配の鉄道模型ファンの方なら誰もがムギ球が切れて、突然車両のヘッドライトやテールライトが点灯しなくなったという悔しい経験をお持ちでしょう。

　ムギ球は、スピードを上げて頻繁に走らせていると1〜2年で切れてしまいます。太さも3mm程度あるため、前照灯の中に組み込むのも不可能です。ところがチップLEDは、どこにでも組み込め、しかも長寿命です。

　とくに、チップLEDの登場は鉄道模型の楽しみ方を劇的に、といっていいほど変えました。チップLEDには、幅0.5mm×長さ1mmの「1005」や、幅0.8mm×長さ1.6mmの「1608」、また幅1.25mm×長さ2mmの「2012」など各種あります。1005や1608という数字は、チップ部品のサイズを定めた規格によるもので、LED以外にも抵抗やコンデンサなど対象になる部品があります。交通信号機では、チップLED1608を使いました。

図1−10　交通信号機の主役となるチップLED、緑黄赤の3色。秋葉原の電子パーツ専門店で購入したが、インターネットの通販サイトでも手に入れられる。写真のチップLEDは、なんと20個入りで200円、つまり1個10円だ。この価格なら失敗を恐れずチャレンジできる。

図1−11　こんなパッケージにチップLEDが1個ずつ収められている。表面のフィルムをはがして取り出す。チップLED1608は長さ1.6mm×幅0.8mmと極小だから慎重に取り扱う。必要な個数の分だけフィルムをはがし、そっとパッケージを裏返して落すのがベター。うっかり、どこかに飛ばしてしまうと、見つけられなくなりそう。

45

チップLEDなんか怖くない

　チップLEDは電線をはんだ付けした市販品もありますが、ストラクチャーで大量に使うとなると、1つ千円近くするので財布の負担になります。また、電線もそれなりに太いので、その処理も難しいようです。

　それなら、いっそのこと自分ではんだ付けしてみたらどうでしょう。財布にやさしいばかりでなく電線も選べ、自在に処理できます。

　とはいえ、チップLED1608は極小サイズですから取り扱いには、それなりの注意が必要です。私はピンセットでつまみ、何かの拍子に弾き飛ばしてしまいました。移動させるときは、爪楊枝の先などを使うといいかもしれません。

　電子部品のはんだ付けにはコツがあります。読者の中には真鍮車両のキットを組み立てた経験のある方もいらっしゃると思いますが、じつは、そのときのテクニックは通用しません。真鍮車両のはんだ付けは、はんだを隙間なく流すために、はんだゴテを長く押しあて、熱を十分に伝えます。

　しかし、チップLEDをはじめとする電子部品の多くは熱に弱いため、はんだ付けは短時間で行わなければなりません。接触不良を防ごうと、はんだをたっぷり使ったり、じっくりとはんだゴテをあてたりすると、熱で壊われてしまうこともあります。電子部品のはんだ付けは、瞬間ワザだと思ってください。慣れてしまうと真鍮キットの組み立てよりもはるかに簡単だと思います。

図1-12　定規にあてたチップLED2012の表側（写真上）と、裏側（写真下）。1メモリが1mmだから、いかに小さいかがわかる。こんなに小さくても眩しいほど発光する。配線は裏側の左右にある金属部分に電線をはんだ付けする。

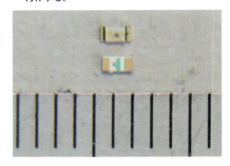

図1-13　チップLEDの裏側には、中央に△や凸などのマークが印刷されている。これが＋側と－側を示しており、－側にはんだ付けした電線は、電源の－側につなげる。

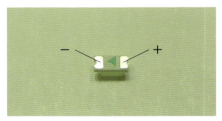

Part ① 交通信号機をつくろう

はんだ付けのコツ

　チップLED1608のはんだ付けは、動かないようにまず両面テープで固定して、はんだメッキしたポリウレタン銅線の先端をあてがい、はんだゴテでほんの少しだけはんだを流します。はんだメッキしたときに、溶けたポリウレタンが黒く残っていたら、爪の先でしごいて取り除いておきましょう。ポリウレタン銅線は指で押さえていても、はんだ付けが瞬間ならそれほど熱くありません。

図1-14　チップLEDの配線に欠かせないのがポリウレタン銅線。写真は直径0.15mmで髪の毛のような細さ。銅線をポリウレタン樹脂で覆い絶縁しているので、はんだ付けのときはコテ先で表面のポリウレタンを溶かして使う。

図1-15　電線のはんだ付けには、こんな工具や材料を使った。電子工作用のはんだ、20Wのはんだゴテ、ペースト、ルーペ。写真中央にチップLEDと、取り出しやすいようボール紙に巻いたポリウレタン銅線。はんだ付けはルーペで手元を拡大し、のぞき込みながら行う。

図1-16　ポリウレタン銅線は、はんだメッキしてから使う。コテ先にはんだを盛り上げて、銅線の先端を差し入れる方法もあるが、より確実にするため、真鍮板にはんだを盛り上がるぐらい溶かし、そこに差し入れて先端をこするようにはんだメッキした。

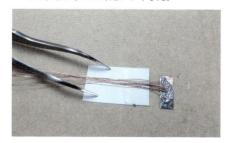

47

はんだ付けのコツ

図1-17　チップLEDは極小なので、動かないよう両面テープで固定する。ポリウレタン銅線も指で両面テープに押し付けると、動きにくくなり安定しやすい。はんだメッキしたポリウレタン銅線の先端に、ほんの少しだけはんだを乗せ、コテ先をチョンとあてる程度ではんだは流れる。

図1-18　極小サイズでも、チップLED1608は驚くほど明るく発光する。

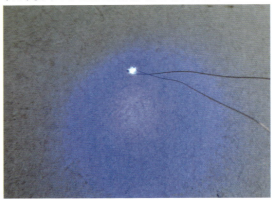

　なお、チップLEDは、白色、赤色、オレンジ色、青色、緑色、黄色などさまざまな発光色が用意されていますが、違う発光色を組み合わせるときは、LED側で−側を1つにまとめず、＋と−をそれぞれ電源につなげるようにしましょう。電源につなげる電線の本数を減らそうと、−側を1つにまとめてしまうと電圧や電流の関係で、ちゃんと発光しないことがあります。

Part ❶ 交通信号機をつくろう

交通信号機をつくる

▼製作準備

お待たせしました。いよいよ、交通信号機の製作にとりかかります。

最初の課題はサイズの割り出しです。鉄道模型のアクセサリーやストラクチャーをつくるとき、必ずといってもいいほどハードルになるのが図面です。実物やそれと似たようなものがあれば、メジャー片手に実測して図面を起こせばいいのですが、交通信号機のように身近な場所にありながら、高所にあって実測しづらいものもあります。

そこでインターネットを検索したところ、交通信号機の専門メーカー、信

図1-19 信号電材㈱のWebで見つけた信号機のカタログ（http://www.shingo-d.co.jp/images/101208/siryou3.pdf）。寸法まで表記されているので大助かり。HOゲージで使えるよう80分の1に寸法を縮小するが、完全にミニチュア化するのはムリなので。基本の寸法を参考に、それらしく見えるようデフォルメした。

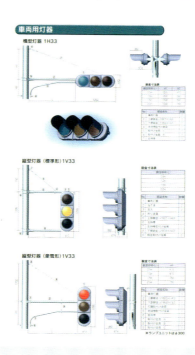

49

号電材㈱のWebで製品カタログを見つけました。ここには、さまざまタイプの交通信号機が紹介されており、構造に至るまで詳細に説明されていて、大変参考になりました。

この中から普段よく目にする交通信号機を探し、80分の1のHOサイズに縮小して"らしく"つくってみました。使った材料は、0.2mm厚の真鍮板、直径3mmの透明プラ棒、厚さ1.5mmのプラバン、細密パイプの外径2mmと同1.2mm、直径0.3mmと0.6mmの真鍮線、これにチップLED1608です。

いずれの材料もほんの少ししか使いませんが、どれもアクセサリーをつくるときの必需品です。それほど高価ではない材料ばかりなので、常備しておくと便利です。また、細密パイプ以外はプラバンを加工してもいいでしょう。

▼細密パイプに極細電線を通す

製作は、まず信号灯の外枠をつくり、それを信号板に挿入し、チップLEDをはめて固定しました。プラバンにあける穴は、はじめに2mm程度の穴をあけ、サイズを測りながら、少しずつヤスリで削って大きくしました。チップLEDは瞬間接着剤で固定し、その上からセメダインスーパーXを流し、はんだ付けした電線を保護します。

信号板の裏側の遮光は大切で、光の漏れないよう乾燥後に溶きパテを何度か塗り重ねました。信号灯から出るポリウレタン銅線は6本、1本0.15mm

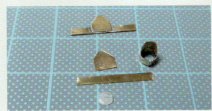

図1-20 交通信号機の信号灯のパーツ。写真下から直径3mmの透明プラ棒を薄く切り出してつくったレンズ。パイプ状に曲げる厚さ0.2mm×幅2mmの帯板。0.2mm厚の真鍮板をハサミで台形状に切った信号灯のヒサシ。写真中央の右側にあるのが組み立てた姿。レンズは緑黄赤のクリア塗料を塗っておく。真鍮のはんだ付けでつくったが、プラバンでもいいかもしれない。

図1-21 帯板にヒサシをはんだ付けしたあと、ドリルの付け根を治具に使い、ラジオペンチでパイプ状に曲げる。はんだ付けしたあと、不要部分を切り落としてパイプ状にする。

Part ① 交通信号機をつくろう

の太さです。これを1本ずつ、信号板の腕になる内径1mm（外径1.2mm）の細密パイプの中を通し、さらに支柱になる内径1.8mm（外径2mm）の細密パイプの中を通します。

このとき、ポリウレタン銅線ごとに、その電線が何色のチップLEDの＋なのか－なのか、確認しながら行わないと、あとで大変だと思います。6本全部通ったら、それぞれのチップLEDに電流を流して一度点灯させ、断線していないかどうか調べます。なお、信号板の高さは道路面から70mmにしています。

Part.3の灯式信号機の製作でも紹介しますが、細密パイプの切断は三角ヤスリの角を使って切り込みを入れ、折り取ったあと、ヤスリで切り口を平らにしました。ニッパや金バサミなどを使うと、切断面がつぶれてしまうので、あとの処理が大変です。また、細密パイプに穴をあけるときも、三角ヤスリの角を使い、薄く切り込みを入れたところにピンバイスでくわえたドリルで穴をあけます。

なお、作例の交通信号機はT字路の交差点に取り付けてみました。スケッチを応用して、一基は赤が点滅したあと、黄から緑に切り替わるようになっています。信号板もタテに取り付け、変化を持たせました。

道路は耐水ペーパーを表面に貼り、その上からエネメル塗料のグレーやブラウンでウエザリングしています。フィギュアを置くと小さなドラマが始まりそうです。

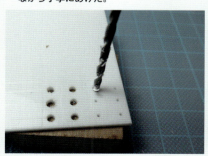

図1-22　信号灯の入る信号板は、厚さ1.5mmのプラバンを幅5mm×長さ14.4mmに切断し、直径4mm程度の穴を3つ並列にあける。穴と穴の間が0.5mm程度になるので、信号灯をあてがい位置を確認しながら丁寧にあけた。

図1-23　信号灯（写真上）と穴をあけた後の信号板（写真中央）。信号板は0.5mmのプラバン（写真下）で裏打ちし、チップLEDをはめる四角い窓を開ける。

51

交通信号機をつくる

図1-24 写真左からチップLEDをはめ込む窓を開けた信号板。信号灯の入る3つ穴をあけた信号板。両者を組み合わせた状態。チップLEDの赤色、黄色、緑色をそれぞれの窓に入れ、後ろからセメダインスーパーXで固定し、さらに遮光のため0.2mm厚のプラバンを被せた。

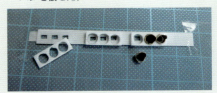

図1-26 ポールの材料（3本分）。写真左3本が支柱になる長さ100mm×外径2mmの細密パイプ、その右隣は、上から支持棒になる0.3mmの真鍮線、ポールから突き出す腕になる外径1.2mmの細密パイプ、それを支える直径0.6mmの真鍮線。支柱の道路面からの高さは94mm、道路と接する部分には厚さ0.2mm×幅2mmの帯材を巻いた。

図1-25 信号灯が完成したら、次はポール部分の製作。これも信号電材㈱のWebからカタログを見つけた。プリントアウトしたあと、ポールの長さから1/80サイズを割り出し、コピーで縮小して図面代わりにした。歩行者用の信号灯は付けていない。

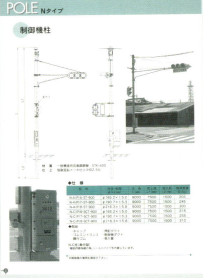

図1-27 ポリウレタン銅線は支柱を通り道路下に抜ける。

52

Part ❶ 交通信号機をつくろう

図1-28 塗装後にレンズを入れれば完成。やや青みのあるグレーを塗った。

図1-29 縦型の信号板を入れると変化がついておもしろい

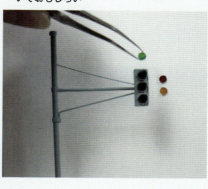

図1-30 交通信号機のある交差点。配線は1本にまとめ、ブレッドボード経由でArduinoにつなげる。

53

Part ②

暗くなると
ストラクチャーが
自動点灯

光センサーはレイアウトの必需品

　光センサーって知っていますか。明るさの変化を電気信号に変えるセンサーのことで、CdSセル（硫化カドミウムセル）とも呼ばれています。直径5mmほどの、小さなボタンのような形をした部品で、2本の長い足が突き出ています。値段は1個40円〜100円程度で買えます。鉄道模型でよく使われているセンサーで、国際鉄道模型コンベンションなどで発表される素晴らしいレイアウト作品にも数多く使用されています。

　光センサーは、円盤（セル）の表面に光が当たると、その明るさに応じて電気抵抗を変化させます。この変化をマイコンに読み込ませてスケッチを動かせば、さまざまな用途に応用できます。

図2-1 Cdsセルともいう光センサー。ストラクチャーに組み込めば、周囲の明るさに反応してLEDが点灯する回路をつくれる。車両検知センサーとしても使えるので、レールの間にセルの表面を露出させているレイアウトもよく目にする。

　Part.2では作例として、暗くなると自然に明かりが灯る街灯や、屋台のおでん屋をつくってみます。光センサーはトランジスタや、リレーと組み合わせて使うこともできます。

　Part.3では、光センサーを線路に埋め込み、車両の通過でON／OFFするスイッチとしても使います。

　まず光センサーがどのように明るさを感じて反応するのか、みてみましょう。

56

Part ❷ 暗くなるとストラクチャーが自動点灯

明るさの変化を数字で見る

　Part.1では、ArduinoのIDEの「ファイル」の中から「スケッチ例」を選び、その「01.Basics」にある「Blink」をコピペして使いました。

　今回も、同じくBasicsの中にある「Analog Read Serial」（アナログ リード シリアル）というスケッチを使います。そのままArduinoに読み込ませればいいので、超かんたんです。

図2-2　ArduinoのIDEを立ち上げ、「ファイル」→「スケッチ例」→「01.Basics」から「Analog Read Serial」を選ぶ。

57

明るさの変化を数字で見る

Analog Read Serial の中に書かれている英語の説明文を除くと、リスト2－1のようなスケッチになります。

リスト2－1

```
void setup( ) {
  Serial.begin(9600);
}
void loop( ) {
  int sensorValue =
  analogRead(A0);
  Serial.println(sensorValue);

  delay(1);
}
```

読み方

ボイド セットアップ (　) {
シリアル . ビギン (9600);
}
ボイド ループ (　) {
イント センサーバリュー＝アナログリード (A0);
シリアル . プリントエルエヌ (センサーバリュー);
ディレイ (1);
}

コラム　センサー各種

　光センサー以外にも鉄道模型で使えそうなセンサーは、いろいろあります。たとえば、超音波センサーは障害物に向けて超音波を発信し、反射時間で距離を計測するセンサーです。これを線路のわきに置けば、線路に工作しなくても車両の通過を感知できます。
　また、ホールセンサーや、リードスイッチは磁気に反応するセンサーです。線路に設置すれば通過するモーター車両を感知します。ともに周囲の明るさに左右されないので、昼夜に関係なく利用できるのが特徴です。いずれも Arduino に配線して使えます。

図2－3　写真上から超音波センサー、ホールセンサー、リードスイッチ。超音波センサーのサイズは45×20×15mm。

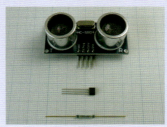

58

Part ❷ 暗くなるとストラクチャーが自動点灯

Arduino がパソコンと対話する

このスケッチは、リスト 2 − 2 のようなイメージでマイコンに指示しています。

リスト 2 − 2

```
void setup( ) {
  Serial.begin(9600);
}
void loop( ) {
  int sensorValue =
  analogRead(A0);
  Serial.println(sensorValue);
  delay(1);
}
```

スケッチが動くように準備しろ
パソコンと通信しなさい

次の仕事を繰り返せ
センサーの値を A0ピンから読み取れ

読み取ったセンサーの値を表示しろ
表示するのは 1 mm 秒ごとだ

どうでしょうか？　Part.1で出てきた言葉と同じものもありますし、また、そうでない言葉もあります。1 行目から順番に、マイコンに何を指示しているのか見てみましょう。

1 行 目 の void setup(　) { は、前に紹介したように Arduino のスケッチの最初で必ず使う言葉です。2 行目の Serial.begin(9600); は、USB ケーブルでつながっているパソコンと通信を始めなさい、というような意味です。Serial（シリアル）とは「シリアル通信」の意味で、begin（ビギン）は、ご存知の通り英語の「始める」です。つまり、シリアル通信を始めなさい、ということになり、Arduino と

パソコンがシリアル通信という手段で対話できるように指示したわけです。

ここでたぶん疑問に思うのが、シリアル通信ってなんだ？だと思います。これはパソコンとマイコンなどを接続し、お互いにデータのやり取りをするときの通信方法のことです。（9600）はその通信速度を表しています。互いにデータをやり取りするときには、この速度をマイコン側とパソコン側で同じにする必要があります。

では Arduino にこのスケッチを書き込んで、シリアルモニタの 🔍 マークをクリックしてみましょう。すると、新しいウインドウが開き、左側に数字が流れ、ウインドウの右下のほう

59

Arduino がパソコンと対話する

には「9600bps」と表示されているのではないでしょうか。この数字の流れがパソコンとマイコンが通信をしている証拠です。

図 2 − 4 シリアルモニタのアイコンは画面の右上にある。クリックするとシリアルモニタが、別のウインドウで開く。

シリアルモニタ

さて、4行目の void loop( ) { は Part.1で紹介しました。5行目に出てくる int sensorValue = analogRead(A0); ですが、とりあえず int は無視して sensorValue（センサーバリュー）を説明します。センサーはご存知のように感知器（この場合は光センサー）です。バリューはネームバリューやトップバリューの言葉からわかるように価値のことですが、同時に「値」という意味もあります。それがセンサーとくっついているので、sensorValue はセンサーが感じた値、つまりセンサー値ということになります。

次の行の analogRead(A0); （アナログリード（A0））は、analogRead と A0に分かれます。A0は Arduino の A0ピンのことです。analogRead は Read（読む）という言葉でわかる ように、読み込め、という意味になります。つまり、A0ピンの値を読み込め、になります。

ところで、＝は算数で習ったイコールを思い浮かべ、"等しい"を表す記号だと考えてしまいそうですが、じつはスケッチで使う＝は少し意味が違っていて、代入を意味しています。たとえば A = B なら、A に B を代入する、という意味になります。

したがって、この文は読み込んだ A0ピンの値を sensorValue に代入（入れろ）、ということになります。

そして、代入した値をどうするのかが、Serial.println (sensorValue); という言葉で示しています。前のほうの Serial.println（シリアル . プリントエルエヌ）は、🔍マークをクリックして開いたウインドウ（シリアル画面）に、表示（プリント）しろ、とい

Part ❷ 暗くなるとストラクチャーが自動点灯

う意味です。後ろの (sensorValue) はセンサー値ですから、合わせると、センサー値をシリアル画面に表示しろ、という意味になります。

delay（ディレイ）は、Part.1で LED の点灯時間を何 mm 秒ごとにするのか指示したように、ここでも何 mm 秒ごとに A0ピンから読み取って表示するかを表しています。delay(1) ですから 1 mm 秒（1000分の1秒）と、ほとんど瞬間に読み取ります。

光センサーが感じた値を落ち着いて見るには、もう少し遅いほうがいいので、スケッチをコピペしたあと、この delay (1) を delay (100) ぐらいに書き換えてもいいかもしれません。

光センサーが明るさをどのように感じているのか、実際に配線してみましょう。光センサーと１kΩのカーボン抵抗を用意し、Arduinoとパソコンをつなぎます。光センサーとカーボン抵抗には２本の足がありますが、ともに＋と－がないので、足のどちら側を使ってもいいです。

それぞれを図２－５のようにブレッドボードに挿し、ジャンパーワイヤーを使って配線します。これで Arduino の５V ピンと A0ピンが光センサーにつながり、GND ピンは１kΩにつながりました。

図２－５ 光センサーのシキイチを調べる回路。光センサーと１kΩのカーボン抵抗をつなぎ、ジャンパーワイヤーで Arduino の A0へ、同じく１kΩのもう一方の足を GND へ、光センサーは５V にそれぞれ配線する。

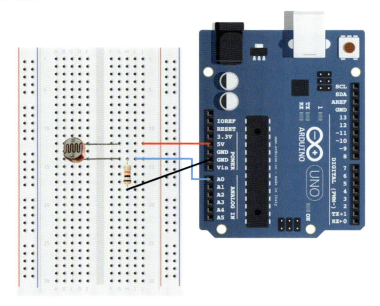

Arduinoの出力する5Vは、光センサーと抵抗を通りGNDに流れるので、A0ピンはこのときの電気の変化をシリアル画面に数字で表します。

では、 マークをクリックしてシリアル画面を出してみましょう。数字が左側に流れだすと思います。次に光センサーの表面を手でさえぎってみてください。数字が大きく変わるはずです。昼間の明るい部屋で実験した場合、何もしないと200～300の間で数字が変化し、手をかざすと、突然100代に下がりました。光センサーによってバラつきがありますが、この数字は必ず大きく変化します。

この大きく変化する数字の境目を「シキイチ（閾値）」といいます。ここでは250としました。ちなみに、スケッチでシキイチはthreshold（スレッショルド）という言葉になります。

図2-6 シリアルモニタが別ウインドウで立ち上がり、左端に数字が変化しながら流れ、光センサーの上に手をかざすと、大きく値が下がる。この数値の変化する境目がシキイチだ。

これで明るさの変化が、シキイチという数字で目に見えるようになりました。暗くなると点灯するストラクチャーの製作には、このシキイチを利用します。

たとえば、光センサーに手をかざしたときにLEDを点灯させたいのなら、スケッチには「もしも、光センサーのシキイチが250より小さい数になったら、電流を流してLEDを点灯させろ」と書きます。

このときの"もしも"は英語に直すと"if"です。じつは、スケッチにもifという言葉があるんです。では、このIf文を紹介しましょう。

Part ② 暗くなるとストラクチャーが自動点灯

"もしも" という Arduino の便利な言葉

　Arduino の IDE の「ファイル」の中から「スケッチ例」を選び、今度は 01.Basics ではなく、5 つ下にある「05.Control」を開きます。すると「If Statement Conditional」(if 宣言の条件文) というのがあります。

　これが、明るいと点灯し、暗くなると消灯するスケッチになります。シキイチよりも大きな数のときに LED を点灯させ、そうでないときは消灯します。シリアル画面にシキイチの値も表示されるので、実際に値をみながら決められます。

　前回と同じように英語の説明文を除き、スケッチだけにするとリスト 2 － 3 のようになります。

図 2 － 7　スケッチ例から If Statement Conditional を選ぶ。

リスト 2 － 3

```
const int analogPin = A0;

const int ledPin = 13;
const int threshold = 400;


void setup( ) {
  pinMode(ledPin, OUTPUT);
```

📖 読み方

コンスト イント アナログピン＝ A0;

コンスト イント LED ピン＝13;
コンスト イント スレッショルド ＝400;

ボイド セットアップ( ) {
ピンモード (LED ピン , アウトプット);

63

" もしも " という Arduino の便利な言葉

```
  Serial.begin(9600);
}
void loop( ) {
  int analogValue =
  analogRead(analogPin);
  if (analogValue > threshold) {

    digitalWrite(ledPin, HIGH);
  }
  else {
    digitalWrite(ledPin,LOW);
  }
  Serial.println(analogValue);

  delay(1);
}
```

シリアル . ビギン (9600);

}

ボイド ループ ( ) {

イント アナログバリュー＝アナ
ログリード (アナログピン);

イフ (アナログバリュー>スレッ
ショルド){

デジタルライト (LED ピン , ハイ);

}

エルズ {

デジタルライト (LED ピン , ロー);

}

シリアル . プリントエルエヌ (ア
ナログバリュー);

ディレイ (1);

}

　なんだか、ズラズラと英文字ばかり並んでいて難しそうですね。でも、ちょっと言葉を分解して、それぞれの意味を知ればそうでもありません。

　最初に const（コンスト）で始まる 3 行があります。次に、これまで何度も出てきた void setup( ) { の行と、void loop( ) { の行が出てきます。

　まず、初めて出てきた const という言葉の意味を説明します。

　const は、スケッチの中で使う数字や、ピンの番号を最初に設定することで、あとから出てくる数字やピン番号を省略できる言葉です。

　つ ま り、1 行 目 の const int analogPin = A0; は、analogPin をA0ピンにすることを設定しています。

　この const を使って一度書いてしまえば、あとのスケッチから A0; を省略でき、analogPin; と書くだけで A0ピンになります。 2 行目の const int ledPin = 13; も同じように、ledPin とするだけで、そのあとは自動的に13番 ピ ン に な り ま す。 3 行 目 のthreshold = 400; も同じです。

　const のような言葉があれば、使用するピン番号が多かったり、いくつも数字が出てきたりしても、スケッチを読みづらくしません。

　また、途中でピン番号や数字を書き換えようと思ったときは、const の部分を書き換えるだけなので便利です。Part.3の灯式信号機の製作でも、const は出てくるので、覚えておきましょう。

64

Part ❷ 暗くなるとストラクチャーが自動点灯

数字が大きいか、小さいかで判断する

さて、ここからが本題の"もしも"文の話です。8行目の void loop( ) {以降に、リスト2－4のような言葉が並んでいます。イメージすると右枠のようになります。

リスト2－4

```
int analogValue =
analogRead(analogPin);

if (analogValue > threshold) {

    digitalWrite(ledPin, HIGH);
}
else {
    digitalWrite(ledPin,LOW);
}
Serial.println(analogValue);

delay(1);
}
```

アナログ値は analogPin（A0）から読み込んだ（光センサーの）値だ

もしも、アナグロ値がシキイチより大きければ、次のことをしろ

LEDピン（13番ピン）から電流を流せ

そうでなければ、次のことをしろ

LEDピン（13番ピン）から電流を流すな

読み取った（光センサーの）値を表示しろ

表示するのは1mm秒ごとだ

最初に、analogValue（アナログバリュー）という言葉が出てきますが、これはアナログ値のことで、sensorValue（センサーバリュー）と同じように光センサーが感じた明るさの値です。

この"もしも"文でポイントになるのは、3行目の if (analogValue > threshold) {にある、if（イフ）と、>。

そして、その3行下にある else（エルズ）です。>は算数で習った「大なり」のことで、5＞3なら5は3より大きいという意味ですね。

elseは、ifで決めた条件に対して、そうでなければ、という意味になります。ここでいえば、analogValue の値が threshold の値より大きくないときが、else です。

65

「○でなければ、□をしろ」と指示する

スケッチは上から下に順番に実行されます。なので、スケッチは const int analogPin = A0; から始まり、そのまま下に順番に流れ、pinMode (ledPin, OUTPUT); で、13番ピンが LED を点灯させる準備を整えます。そして11行目まで行くと、リスト2－5のようになっています。

リスト2－5

```
if (analogValue > threshold) {

digitalWrite(ledPin, HIGH);
}
```

もしも、アナグロ値がシキイチより大きければ
LED ピン（13番ピン）に電流を流せ

このとき analogValue の値が threshold の値より小さいようなら、次の行の digitalWrite(ledPin, HIGH); は実行されず、14行目の else に進みます。

つまり、シキイチが400より大きければ（明るければ）、LED を点灯させ、400より小さければ（暗ければ）、LED を消灯させることになります。

この説明で、おおよその想像がつくと思いますが、このスケッチには、まず if（もしも～だったら）という条件を決める言葉があります。そして、どんな条件で if になるのかが（ ）に書かれており、それに基づいて{ }の中の仕事をしています。（ ）の後ろにつく ; は、1つの文の終わりに付ける句点、「。」と同じ意味で、文の区切りになります。

digitalWrite(ledPin, HIGH); は、これで1つ文となり、1つの仕事になります。同じように、なにをどう digitalWrite すればいいのかが、（ ）の中に書かれています。

では、次はどうでしょうか。

リスト2－6

```
else {
  digitalWrite(ledPin,LOW);
}
```

これも、else の仕事が{ }の中に書かれていて、else だったら、digitalWrite(ledPin,LOW); の仕事をすることになります。

ちなみに、スケッチを見ればわかるように、これらはすべて、繰り返しを

Part ❷　暗くなるとストラクチャーが自動点灯

指示する loop( ) の { } の中に含まれています。

　したがって、最後の行の delay(1); までスケッチが進んだら、あらためて、int analogValue = analogRead (analogPin); まで戻り、再びシキイチを読みはじめます。

　Arduino の「If Statement Conditional」がどんなスケッチなのか、だいたいイメージできたのではないでしょうか。それでは、このスケッチを暗くなると自動点灯するアクセリイのスケッチに書き換えてみましょう。といっても、2か所の記号と数字

を書き換えるだけです。

　それは、const int threshold = 400; と if (analogValue > threshold) の2か所です。スケッチのままでは、アナグロ値がシキイチより大きいときに点灯してしまう（明るいと点灯してしまう）ので、「>」を「<」と逆にして、シキイチより小さいときに点灯するようにします。そしてシキイチ（threshold）は、先ほどの実験の結果から400を250に変えました。すると、リスト2－7のようになります。アミかけしたところが、書き換えた部分です。

リスト2－7

```
const int analogPin = A0;
const int ledPin = 13;

const int threshold = 250;

void setup( ) {
  pinMode(ledPin, OUTPUT);
Serial.begin(9600);
}

void loop( ) {
  int analogValue =
  analogRead(analogPin);
  if (analogValue < threshold) {

    digitalWrite(ledPin, HIGH);

  }
```

アナログピンは、A0に設定

led ピン（LED に電流を送るピン）は、13番ピンに設定

シキイチは、250

スケッチが動くように準備しろ

led ピンに電流が流れるようにしろ

パソコンと通信しなさい

次の仕事を繰り返せ

アナログ値をアナログピン（A0)から読み取れ

もしも、アナグロ値がシキイチより小さければ次のことをしろ

led ピン（13番ピン）から電流を流せ

67

「○でなければ、□をしろ」と指示する

```
  else {

    digitalWrite(ledPin,LOW);
  }
  Serial.println(analogValue);

  delay(1);
}
```

そうでなければ（アナログ値がシキイチより大きければ）次のことをしろ

ledピン（13番ピン）から電流を流すな

（光センサーから）読み取ったセンサーの値を表示しろ

表示するのは1mm秒ごとだ

まずは、あまり深く考えずにサンプルスケッチの記号と、数字を書き換えて実験してみたらどうでしょう。

くどいようですが、コピペするときや、数字を書き換える際に；や｛　｝などを、誤って消さないように気を付けてください。また、改行や文字の間をあけてしまうことも起こりがちです。1文字でも消したり、ダブったりしているとエラーとなってArduinoに書き込めません。

図2－8　光センサーでLEDを点灯させる回路。シキイチを調べる図2－5の回路にLED、1kΩカーボン抵抗を追加し、LEDの－側をArduinoのGNDへ、＋側は1kΩを通して13番ピンにジャンパーワイヤーで配線する。光センサーに手をかざすとLEDが点灯する。うまく点灯、消灯しない場合は、シリアルモニタでシキイチを確認して、数値を書き換える。

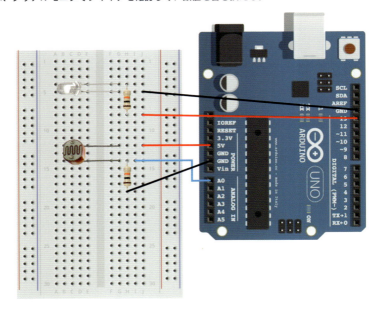

68

Part❷ 暗くなるとストラクチャーが自動点灯

製作スタート！

暗くなると 屋台の赤提灯がつく

　暗くなると自然に赤提灯の明かりが灯る、Nゲージの屋台をつくってみました。改造したのはジオコレシリーズの中の「おでん屋台」です。フィギュアからブロック塀まで小物が揃っていてイイ感じです。ちょっと勇気がいりますが、まず屋台から提灯をカッターで切り取ります。代わりに使う提灯は透明プラパイプ製です。薄く切ったプラ棒で透明プラパイプに蓋をしますが、このとき下のほうに直径1mm程度のプラ棒を少しだけ中心から飛び出させると、黒く塗ったときに提灯のようになります。チップLEDは配線後に点灯を確認し、セメダインスーパーXをたっぷり使って固定しました。

　屋台から延びるポリウレタン銅線は、ブレッドボード経由でArduinoにつながります。提灯を屋台に取り付ける前に、いちど光センサーに手をかざしてArduinoがスケッチ通りに動いてチップLEDを点灯させるかも見ておきましょう。

　もう1つはHOゲージのシーナリーセクションで、電灯と街灯を光センサーで点灯させてみました。スイッチを入れなくても、暗くなると自動的に明るくなるので、インテリアとしても楽しめます。

　鉄道模型で情緒たっぷりの夜景づくりは、楽しみのひとつです。光センサーとストラクチャーやアクセサリーをうまく組み合わせれば、ちょっとしたアイデアを活かせ、一層おもしろくなるのではないでしょうか。

図2－9　写真上から、おでん屋台、切り取った提灯、直径3mm長さ3mmの透明プラパイプ（左）、薄く切った直径2mmのプラ棒の中心に直径1mmのプラ棒を少し飛び出させた蓋（右）、赤色のチップLED1608。透明プラパイプは赤く塗り、中にチップLEDを入れて点灯させた。

図2－10　Arduinoに配線したおでん屋台。写真中央のブレッドボード上に光センサーと1kΩのカーボン抵抗がある。コードはポリウレタン銅線を使用している。光センサーに手をかざすと、おでん屋台の電灯と赤提灯が点灯する。

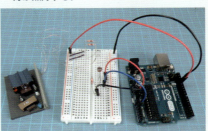

暗くなると屋台の赤提灯がつく

図2-11 暗くなると、おでん屋台の赤提灯に明かりが灯った（写真中央）。屋台の屋根の下にも白色チップLEDを組み込むとより実感的。日が暮れると、いつの間にか屋台が明るくなり賑わっていた（写真右）。

図2-12 電柱にも白色チップLED1608の電球をつけ、自動点灯させてみた。電柱のパーツは外径3mmのプラパイプと、厚さ1mmのプラバン、電球の笠は市販品。電柱メーカのWebを参考に電柱の長さは87mm程度、電球は街路灯の設置基準から56mm程度とした。

図2-13 ムギ球が切れてしまった街灯もLEDに切り替えた。暗くなるとスイッチを入れなくても自動点灯するので便利。

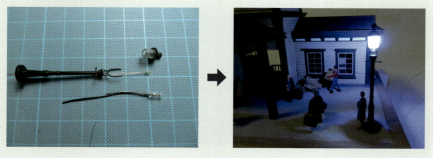

Part ③

2、3、4灯式信号機をつくろう

車両の通過を光センサーが感じる

　ご存知のように鉄道の灯式信号機は用途目的に応じて、おもに2灯式、3灯式、4灯式、5灯式の4種があります。灯式とはランプの数のことで、2灯式だと緑と赤の2つのランプになります。

　Part.3ではこの灯式信号機の中から、2灯式、3灯式、4灯式をつくってみます。いずれの信号機も進行を示す緑が常時点灯し、列車が通過すると赤に変わり、4灯式ならしばらくして警戒を示す黄黄の2灯になり、次いで注意の黄の1灯になり、再び緑に戻ります。

　一見すると複雑な動きをしているように思えますが、このスケッチもPart2の、暗くなるとLEDが点灯す

るスケッチにわずか数行追加するだけで、アッという間にできてしまいます。全体の流れはこんな感じです。

　車両が線路に取り付けた光センサーの上を通過すると一瞬暗くなるので、光センサーの値が変わり、LEDを点灯させるスケッチを動かします。すると、信号灯は緑から赤に変わり、しばらくすると黄になり、再び緑の点灯に戻ります。

　つくる前にまず決めておきたいのは、Part.1の交通信号機と同じように、信号灯の緑➡赤➡（黄黄➡）黄➡緑に切り替わるタイミングです。レイアウトの大きさによって、この時間も違うのではないかと思います。

表3-1　灯式信号機にはさまざまな種類がある。

	進行	減速	注意	警戒	停止
2灯式	緑				赤
3灯式	緑		黄		赤
4灯式A	緑		黄	黄	赤
4灯式B	緑	黄	黄		赤
5灯式	緑	黄	黄	黄	赤

Part ❸ 2、3、4灯式信号機をつくろう

2灯式信号機のスケッチ

では、2灯式信号機のスケッチをつくってみましょう。最初に緑が点灯していて、車両が通過すると緑から赤に6秒間ほど切り替わり、再び緑に戻ります。リスト3－1のスケッチを見てください。Part.2で作った暗くなると

LEDが点灯するスケッチ（リスト2－7）にわずか5行、アミかけした部分を追加しただけです。

ピンごとに電流を流す、流さない、と指示するのが、スケッチのミソです。

リスト3－1

```
const int analogPin = A0;

const int ledPin = 13;

const int led2Pin = 12;

const int threshold = 250;


void setup( ) {

  pinMode(ledPin, OUTPUT);

  pinMode(led2Pin, OUTPUT);

  Serial.begin(9600);

}


void loop( ) {

  int analogValue =
analogRead(analogPin);

  if (analogValue < threshold) {


    digitalWrite(ledPin, HIGH);


    digitalWrite(led2Pin, LOW);


    delay(6000);

  }
```

アナログピンは、A0に設定

ledピンは、13番ピンに設定（赤）

led2ピンは、12番ピンに設定（緑）

シキイチは、250

スケッチが動くように準備しろ

ledピンに電流が流れるようにしろ

led2ピンに電流が流れるようにしろ

パソコンと通信しなさい

次の仕事を繰り返せ

アナログ値をアナログピン（A0）から読み取れ

もしも、アナグロ値がシキイチより小さければ、次のことをしろ

ledピン（13番ピン）から電流を流せ（赤点灯）

led2ピン（12番ピン）から電流を流すな

6秒間はそのままの状態

73

2灯式信号機のスケッチ

```
else {

  digitalWrite(ledPin,LOW);

  digitalWrite(led2Pin, HIGH);

}
Serial.println(analogValue);
delay(1);
}
```

そうでなければ（アナログ値がシキイチより大きければ）

ledピン（13番ピン）から電流を流すな

led2ピン（12番ピン）から電流を流せ（緑点灯）

読み取ったセンサーの値を表示しろ

読み取るのは1mm秒ごとだ

Part.2のスケッチと同じように、シリアルモニタを開き、シキイチの変化を見ることができます。Part.2では、手をかざしたときの明るさの変化を、光センサーで感じましたが、今回は車両の通過のさいの明るさの変化を検知して、スケッチを動かします。

同じ理屈でも、明るさは同じではありません。シキイチも変わってくるかもしれません。実際に車両を走らせながら明るさの変化を見て、シキイチを決めてください。

ここではシキイチを250にしています。ただ、if文を処理しているときは、delay(6000); も実行するので、次のアナログ値を読み込むまで表示が6秒間ストップします。これは、ほかのスケッチでも同じです。必要なければ、この部分のスケッチは削除してください。

あらためて、Part.2のリスト2－7との違いを見てみましょう。光をさえぎると、13番ピンから出力するまでは同じですが、Part.2には光をさえぎら

ないときに点灯している緑のLEDがありません。そこで、もうひとつ緑のLED用のピンを追加する必要があります。では、Part.2のスケッチをもとに、コピペしながらつくってみましょう。

最初のconstの行から、2行目のconst int ledPin = 13; をコピペして1行増やし、ledPin = 13; を led2Pin = 12; と数字を書き替えます。これは、2つ目のLEDだから led2Pin としました。

次に、void setup( ){ の次の行にある、pinMode(ledPin, OUTPUT); をコピペして、もう1行増やします。これも同じ理由から、ledPin を led2Pin に変えて、pinMode(led2Pin, OUTPUT); とします。さらに、上から15行目のdigitalWrite(ledPin,LOW); をコピペして12行目の digitalWrite(ledPin, HIGH);の下に1行増やし、同じようにdigitalWrite(led2Pin,LOW); と、ledに2を書き加えます。

14行目の else{ は、13番ピン（赤）

Part ③ 2、3、4灯式信号機をつくろう

が LOW のとき、12番ピン（緑）を HIGH にする必要があるので、12行目から digitalWrite(ledPin, HIGH); をコピペして、ledPin に 2 を書き加え、digitalWrite(led2Pin, HIGH); とします。

さて、これで緑の LED を 1 つ増やすことができました。あと、やっておくことは光センサーが感じたとき赤の LED を 6 秒間、点灯させることです。

1秒は1000mm 秒なので 6 秒は6000mm 秒になります。

そこで、最後に下から 2 行目の delay(1); をコピペして、(1) の数字を（6000）に直し、delay(6000); として、digitalWrite(led 2 Pin,LOW); のあとに加えます。もちろん、コピペせずパソコンの英文入力モードで書き加えてもかまいません。

図3－1 2 灯式信号機の配線。Part.2の図 2－8 に、1 kΩのカーボン抵抗と LED を追加して、12番ピンと LED の＋側をジャンパーワイヤーでつなげれば完成。Arduino にスケッチを書き込むと、まず12番ピンの LED（緑色）が点灯し、光センサーに手を一瞬かざすと消灯し、13番ピンの LED（赤色）が 6 秒間点灯する。その後、再び12番ピンの LED が点灯する。

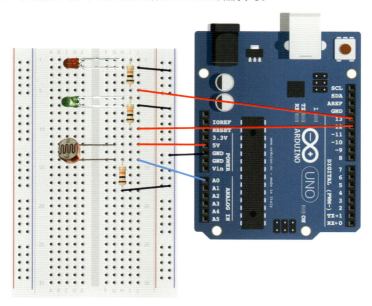

75

3灯式信号機のスケッチ

次は3灯式信号機です。詳しく説明しなくても、もうおわかりだと思います。今度は、2灯式信号機のスケッチに黄色のLEDを追加して、それぞれの点灯時間を設定します。LEDは、これまでの13番ピン（赤）、12番ピン（緑）に加えて、11番ピン（黄）からも出力します。

スケッチは2灯式信号機からコピペして増やし、11番ピンをled3Pinにしたら出力をする、しないのHIGHとLOWを加えていきます。赤と黄の点灯時間は2灯式と同じように6秒（6000mm秒）になっています。

追加するled3Pinは、同じようにconst、void setup( ){ }、if (analogValue < threshold) { }、else{ }の4つの部分に入ります。次が3灯式信号機のスケッチです。アミかけしているのがLEDを追加した部分です。

リスト3－2

```
const int analogPin = A0;
const int ledPin = 13;
const int led2Pin = 12;
const int led3Pin = 11;
const int threshold = 250;

void setup( ) {
  pinMode(ledPin, OUTPUT);
  pinMode(led2Pin, OUTPUT);
  pinMode(led3Pin, OUTPUT);
  Serial.begin(9600);
}

void loop( ) {
  int analogValue =
  analogRead(analogPin);
```

アナログピンは、A0に設定

ledピンは、13番ピンに設定（赤）

led2ピンは、12番ピンに設定（緑）

led3ピンは、11番ピンに設定（黄）

シキイチは、250

スケッチが動くように準備しろ

ledピンに電流が流れるようにしろ

led2ピンに電流が流れるようにしろ

led3ピンに電流が流れるようにしろ

パソコンと通信しなさい

次の仕事を繰り返せ

アナログ値をアナログピン（A0）から読み取れ

Part ❸ 2、3、4灯式信号機をつくろう

```
  if (analogValue < threshold) {
```
| もしも、アナグロ値がシキイチより小さければ次のことをしろ |

```
    digitalWrite(ledPin, HIGH);
```
| 電流を led ピン（13番ピン）から流せ（赤点灯） |

```
    digitalWrite(led2Pin, LOW);
```
| 電流を led2ピン（12番ピン）から流すな |

```
    digitalWrite(led3Pin, LOW);
```
| 電流を led3ピン（11番ピン）から流すな |

```
    delay(6000);
```
| 6秒間そのままの状態 |

```
    digitalWrite(ledPin, LOW);
```
| 電流を led ピン（13番ピン）から流すな |

```
    digitalWrite(led2Pin, LOW);
```
| 電流を led2ピン（12番ピン）から流すな |

```
    digitalWrite(led3Pin, HIGH);
```
| 電流を led3ピン（11番ピン）から流せ（黄点灯） |

```
    delay(6000);
  }
  else {
```
| 6秒間そのままの状態 |
| そうでなければ（アナログ値がシキイチより大きければ）次のことをしろ |

```
    digitalWrite(ledPin,LOW);
```
| 電流を led ピン（13番ピン）から流すな |

```
    digitalWrite(led2Pin,HIGH);
```
| 電流を led2ピン（12番ピン）から流せ（緑点灯） |

```
    digitalWrite(led3Pin,LOW);
```
| 電流を led3ピン（11番ピン）から流すな |

```
  }
  Serial.println(analogValue);
```
| （光センサーから）読み取ったセンサーの値を表示しろ |

```
  delay(1);
}
```
| 読み取るのは1mm秒ごとだ |

77

3灯式信号機のスケッチ

図3-2 3灯式信号機の配線。2灯式信号機に、黄色のLEDとカーボン抵抗をワンセット追加し、＋側を11番ピンにつなげる。光センサーに手をかざすと、3灯式信号機の動きになる。

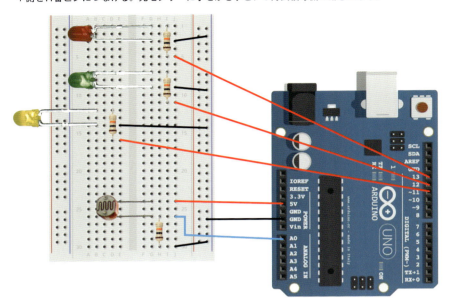

コラム　信号機の設置

　灯式信号機は運転手が確認しやすいように、さまざまな場所に設置されている。下の写真は京浜急行品川駅。一般的なポールタイプだけでなく、架線脇やホーム天井にもあり、工夫すればレイアウトに奥行き感も出てくる。

図3-3　京浜急行品川駅

78

Part ❸ 2、3、4灯式信号機をつくろう

4灯式信号機のスケッチ

最後に緑、赤、黄黄、黄、と切り替わる4灯式信号機（Aタイプ）です。2灯式も3灯式もLEDが順番に点灯するだけですが、4灯式は黄黄と、2つのLEDが同時に点灯します。ここまで読んでこられた皆さんなら、すでに頭の中でスケッチができあがっているのではないでしょうか。

ところで、これまでカンタンなスケッチにするため、言葉をコピペして数字を書き換える、というつくり方をしてきました。もちろん、これまで通りのやり方でもOKですが、点灯させるLEDの数が増えてくると、constで指定していたledPinも増えて、何番ピンが何色なのかわかりづらくなってきます。

そこで、英文入力モード（半角）にして、独自の名前を付けてもいいかもしれません。たとえば、ledPinの代

わ り に redPin、yellowPin、yellowPin2、greenPin、と色の名前を付け、見分けられるようにする方法もあります。

スケッチは2灯式や3灯式の場合と同じように、コピペでLEDを4つに増やします。シキイチが250より大きければ、elseから以下のスケッチになるので、greenPin（緑）だけHIGHとなって点灯し、車両が通過すると赤➡黄黄➡黄と6秒ごとに変わり、再び緑に戻ります。ちなみに、18秒後もまだ光センサーの上を通過中だったり、周囲が暗かったりすると、またifからのスケッチになるため緑は点灯せず、赤からの点灯に戻ります。

コピペでつくったスケッチは、リスト3-3のようになります。必要ないと思いますが、少しだけ説明を入れました。

リスト3-3

```
const int analogPin = A0;
const int redPin = 13;
const int greenPin = 12;

const int yellowPin = 11;

const int yellow2Pin = 10;
```

red（赤）ピンは、13番ピンに設定

green（緑）ピンは、12番ピンに設定

yellow（黄）ピンは、11番ピンに設定

yellow2（黄2）ピンは、10番ピンに設定

79

4灯式信号機のスケッチ

```
const int threshold =250;

void setup( ) {
  pinMode(redPin, OUTPUT);
  pinMode(greenPin, OUTPUT);
  pinMode(yellowPin, OUTPUT);
  pinMode(yellow2Pin, OUTPUT);
  Serial.begin(9600);
}
void loop( ) {
  int analogValue =
  analogRead(analogPin);
  if (analogValue < threshold) {
```

もしも、アナログ値がシキイチより小さければ（車両が通過して暗くなれば）次のことをしろ）

```
    digitalWrite(redPin, HIGH);
```

赤点灯

```
    digitalWrite(yellowPin,
    LOW);
    digitalWrite(yellow2Pin,
    LOW);
    digitalWrite(greenPin,LOW);
    delay(6000);
```

6秒間はそのままの状態

```
    digitalWrite(redPin, LOW);
    digitalWrite(yellowPin,
    HIGH);
```

黄点灯

```
    digitalWrite(yellow2Pin,
    HIGH);
```

黄2点灯

```
    digitalWrite(greenPin,LOW);
    delay(6000);
```

6秒間はそのままの状態

```
    digitalWrite(redPin, LOW);
    digitalWrite(yellowPin,
    LOW);
    digitalWrite(yellow2Pin,
```

黄2点灯

```
    HIGH);

    digitalWrite(greenPin,LOW);
    delay(6000);
  }
  else {

    digitalWrite(redPin, LOW);
    digitalWrite(yellowPin,
    LOW);
    digitalWrite(yellow2Pin,
    LOW);
    digitalWrite(greenPin,HIGH);
  }
  Serial.println(analogValue);
  delay(1);
}
```

6秒間はそのままの状態

そうでなければ（車両のいない明るい状態なら）次のことをしろ）

緑点灯

図3－4 4灯式信号機の配線。追加するLEDとカーボン抵抗は＋側を10番ピンに接続する。

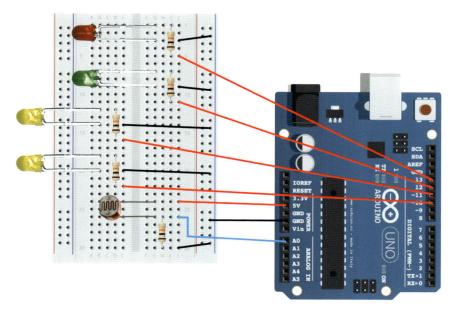

4灯式信号機のスケッチ

最後に、できあがったスケッチをArduinoに書き込めば完成です。作例では3灯式、4灯式の信号機をそれぞれつくってみました。レイアウトに組み込むには、まず車両の通過を検知する光センサーの設置が必要です。図3－8、図3－9のように取り付けたら、光センサーの2本の足にビニール電線や、ポリウレタン銅線をはんだ付けして延ばし、ブレッドボード経由でArduinoにつなげます。

図3－5 光センサーを取り付ける直径5mmの穴をあけるための工具。いきなり大きな穴をあけられないので、直径1mmと3mmのドリルの刃、△ヤスリと丸ヤスリを用意する。

図3－6 最初に直径1mmのドリルで、枕木の間に穴をあける。ドリルの刃はピンバイスに挟んで固定する。

図3－7 直径3mmのドリルで穴を大きくしたあとヤスリを使って大きくする。手間がかかるが、この方が正確に位置を決められる。

図3－8 厚さ0.3mmのプラバンに光センサーの2本の足を通して固定し、プラバンをのりしろにして穴の裏側に接着する。

図3－9 光センサーは表面で明るさを感じるので、線路とツライチで設置する。半分ぐらい枕木に食い込んでしまうが、それほど見苦しくないと思う。光センサーは製品によって感度にバラつきがあるため、感度がよすぎる場合は少し下の方にさげるといいようだ。

Part ③　2、3、4灯式信号機をつくろう

3灯式信号機と4灯式信号機をつくる

▼3灯式信号機をつくる

では、Nゲージのサイズで3灯式信号機をつくってみましょう。交通信号機のときと同じように、まず信号機の寸法を決めなければなりません。信号機メーカーのWebからカタログを探す方法もありますが、今回は東武鉄道博物館に展示してある4灯式信号機を参考にしてみました。

信号機のパーツは、①信号灯を囲む楕円形の背板、②信号灯の入る背板裏の灯箱、③支柱、④保守用ハシゴの4つです。

実測したところ、このうちの背板は幅約600mm×長さ約1210mm。それを取り付ける支柱は直径約120mmでした。3灯式信号機だとチップLEDを赤、黄、緑の3色使用するので、配線に使うポリウレタン銅線は全部で6本。1本0.15mmなので、合計0.9mmの太さになります。このため、やや太めですが外径1.2mm、内径1.0mmの細密パイプを使うことにしました。

まず、背板をつくります。長方形に切ったプラバンに0.3mmのシャープペンで中心線を引き、それをガイドに信号灯の入る穴をあけ、上下を楕円に仕上げました。

次に、支柱と同じ細密パイプからヒサシをつくります。細密パイプはなにしろ極薄ですから、力を入れすぎるとつぶれてしまいます。切断するときは爪楊枝の先にさし、パイプの中を隙間なく埋めて固定してから行ったほうがいいようです。ヒサシができたら背板に接着すれば完成です。小さいので、ピンセットに挟んだときに飛ばさないようにしましょう。ちなみに、実測した実物のヒサシの長さは約200mm、ヒサシを含めた信号灯の直径は約200mmでした。

▼チップLEDは接着剤で保護する

ところで、チップLEDを配線したとき不安に思うのは「引っ張ったら、すぐに切れてしまわないか」だと思います。0.15mmのポリウレタン銅線をはんだ付けしてあるだけですから、強く引っ張れば、当然切れてしまいます。それに、はんだ付けした部分がむき出しなので、金属と触れ合えばショートの原因になりかねません。そこでチップLEDを取り付けたら、その上からセメダインスーパーXを流します。これは固まると透明のビニール状になる接

着剤なので、チップLEDやポリウレタン銅線を固定する被膜になります。このほかにも、さまざまな方法があると思いますので工夫してみてください。
　ところで、信号機の製作で意外と大変なのが、保守用のハシゴではないでしょうか。ハシゴだけの市販品はほとんどありませんし、真鍮線や真鍮帯板でつくるのは手間も時間も相当です。そこで、作例ではNゲージの客車に取り付けるハシゴを2本つなげて使いました。取り付け用には0.3mmの真鍮線を使いましたが、ちょっと太かったようです。

▼4灯式信号機をつくる

　4灯式信号機は、HOサイズでつくってみました。寸法はすでにわかっているので、おおよそのサイズに縮小しました。今度は真鍮板を材料にしてみました。背板のサイズは幅7.5mm×長さ15mmで、ここに直径2mmの穴を4つ並べてあけます。信号灯のヒサシは、市販の細密パイプを使わず、交通信号機と同じように直径2mmのドリルの根元に帯板を巻き付けてつくり、ヤスリで仕上げました。支柱の高さは90mm、先端のタマネギ形状の頭は、プラ棒をそれらしくヤスリで削り、取り付けています。
　信号機を設置すると、これまで車両ばかりに目が行っていたレイアウトに奥行き感が生まれ、より楽しくなるのではないでしょうか。

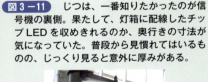

図3－10　東武鉄道博物館（東京・墨田区）の4灯式信号機、これをプロトタイプに3灯式もつくってみた。サイズは4灯式から1灯分を差し引いた。信号機メーカーのWebを探せばカタログもあるが、実物でヒサシの長さなど参考にしたかった。

図3－11　じつは、一番知りたかったのが信号機の裏側。果たして、灯箱に配線したチップLEDを収めきれるのか、奥行きの寸法が気になっていた。普段から見慣れてはいるものの、じっくり見ると意外に厚みがある。

Part ❸ 2、3、4灯式信号機をつくろう

図3-12 外径1.5mm、内径1.0mmの細密パイプから信号機のヒサシをつくる。先端を斜めにヤスリ掛けしてから1.6mm程度の長さに切断する。爪楊枝の先にさして固定しないと加工しにくい。

図3-13 切り出した3灯分のヒサシと背板。背板は厚さ0.3mmのプラバンから切り出し、ヒサシを取り付ける直径1.2mm程度の穴をあけた。

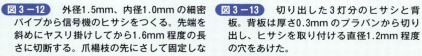

図3-14 背板にヒサシを挿入して瞬間接着剤で固定した。チップLEDを入れやすいよう、ヒサシの下部を信号板の裏側にほんの少しだけ飛び出させた。最後にサーフェイサーを裏と表にスプレーして下塗りした。

図3-15 背板を両面テープで固定し、チップLEDを細密パイプの中に並べるが、配線したポリウレタン銅線があばれるので、これも両面テープとセロテープで固定して行う。瞬間接着剤でそれぞれのチップLEDを仮留めし、上からセメンダインスーパーXをたっぷり流してコーティングした。

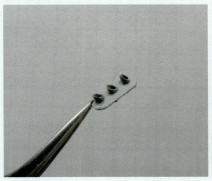

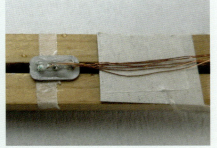

図3-16 信号機の支柱になる外径1.2mmの細密パイプの切断。△ヤスリの角で切り込みを入れ、折り取る。切り口をヤスリで平滑に仕上げれば出来上がり。

85

3灯式信号機と4灯式信号機をつくる

図3－17 写真上からハシゴ、支柱、信号灯。写真右端に、玉ネギ形状の支柱の頭。ハシゴにはU字形状の直径0.3mmの真鍮線を取り付け、支柱を通して接着する。支柱と信号灯はポリウレタン銅線でつながっているだけだが、太さが1mm近いので、これだけで強度は十分ある。

図3－19 線路に組み込んだ光センサーの上を電気機関車が通過。それまで緑だった3灯式信号機が赤に切り替わった。

図3－21 4灯式信号機のパーツ。写真左から背板、厚さ0.2mm×幅2mmの帯板を内径2mmのパイプにした信号灯、それに取り付けるヒサシ。ともに交通信号機（Part.1の交通信号機の製作）と同じ作り方をした。組み立ては、はんだ付け。

図3－18 完成した3灯式信号機。背後はスケッチを書き込んだArduino。まず緑が点灯し、光センサーに手をかざすと赤に変わり6秒後に黄になる。もし、赤の点灯から始まり、緑にならないようならシキイチを変えなければならない。

図3－20 4灯式信号機はHOサイズでつくってみた。背板はプラバンを使ってもいいが、今回は厚さ0.3mmの真鍮板から切り出し、直径1mmのドリルで信号灯の中心を決める穴をあけた。このあと、先のとがった丸ヤスリで少しずつ穴を大きくして、各信号灯の間隔をそろえた。

図3－22 完成した4灯式信号機。3灯式信号機と同じようにチップLEDを取り付け、セメダインスーパーXを流したあと厚さ0.3mmのプラバンで囲い、灯箱のイメージにした。配線したポリウレタン銅線は合計8本。

86

Part ❸ 2、3、4灯式信号機をつくろう

図3-23 4灯式信号機から出る配線8本分は根元を数mmねじっておき、あとで溶きパテで棒状にみせ、支持具のようにした。ポリウレタン銅線は合計1.2mmの太さになるので、内径1.4mmの細密パイプの中にピンセットを使って1本ずつ慎重に送る。

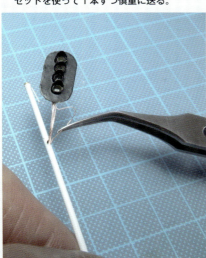

図3-24 4灯式信号機の完成！ 線路に取り付ける光センサーは、3灯式信号機と同じ方法。車両が通過して赤になり、6秒後に黄黄に変わり、さらに6秒後に黄に変わる。

図3-25 Nゲージの2灯式信号機（写真左）と3灯式信号機（写真右）。ホームを挟んで設置すると、列車の進行に合わせて信号が切り替わるので楽しい。

87

踏切遮断機、腕木式信号機をつくろう

サーボモーターとは

サーボモーターといえば、ラジコンでおなじみのモーターです。送信機から電波や赤外線を受信機に送り、ハンドルの操作や前進・後進、スピード調整などを行います。このサーボモーターを鉄道模型で使ってみました。といっても、無線操縦をするわけではありません。

サーボモーターは電流を流している間ずっと同じ速度で回り続けるDCモーターと違い、デジタル信号で制御するので、好きな角度までモーターのシャフトを動かしたり、回転速度を変えたりできます。遮断機や腕木式信号機、あるいはポイントなどの駆動装置に利用すればとても便利です。

サーボモーターの「サーボ」とは、"指示通りに動く"という意味で、モーターは密閉されたケースの中に収められています。ケースから出たシャフトにホーン（腕）を取り付け、0度～180度まで動かして使います。種類によってシャフトが360度回転するタイプもあります。

大きさもさまざまで、小型タイプは幅12mm×高さ30mm×長さ32mm程度と、ちょうどレイアウトに組み込みやすいサイズになっています。電源電圧は一般に5Vで、価格も400円～900円ぐらいから販売されています。

図4－1 小型サーボモーターを上から見たところ。ホーンは0度から180度の間を折り返して動く。

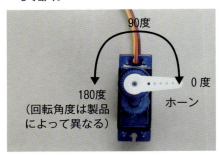

では実際に、ホビー用のサーボモーターを手に取って見てみましょう。本体ケースから3本のコードが出ていると思います。コードの色は赤、茶、オレンジという組み合わせが多いようです。

このうちの2本（赤と茶が多いようです）が、サーボモーターの電源になる＋と－で、残りがデジタル信号を受けるコードです。コードの役割や使用する電源電圧など、詳しくはそれぞれの製品の取扱説明書をよく読んでください。

今回使用したのは、5Vを電源電圧とした小型サーボモーターです。ブレッドボードで実験しやすいよう、コードに付いているコネクタをカットして、先端に電子部品から調達したピンをはんだ付けしておきました。

Part ❹ 踏切遮断機、腕木式信号機をつくろう

図 4 − 2 各種の小型サーボモーターとホーン類。サーボモーターからは赤、茶、オレンジ各色のコードが出ている。写真のコードはブレッドボードに接続しやすいよう接続用のコネクタを切り取り、ピンに変えている。ホーンはサーボモーターのシャフトに差し込んで使う。

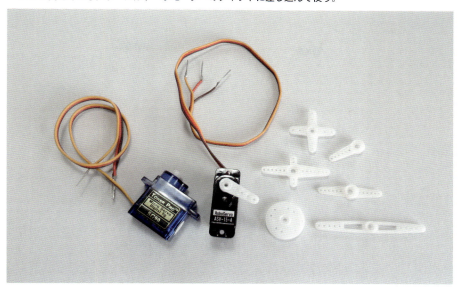

図 4 − 3 小型のサーボモーターはコンパクトなので鉄道模型に利用しやすい。寸法図は浅草ギ研のRC サーボ ASV-15（浅草ギ研の http://www.robotsfx.com/robot/ASV-15.html より）。

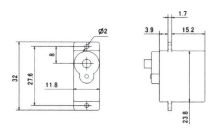

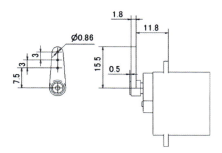

サーボモーターを動かしてみよう

　サーボモーターを動かしてみましょう。このサンプルスケッチもArduinoにあります。これまでと同じようにIDEの「ファイル」にある「スケッチ例」を開き、その中の「Servo」から「Sweep」を選んで書き込みます。

　次にArduinoの5VピンとGNDピンにサーボモーターの電源となる＋と－（GND）をつなぎ、残りを9番ピンとつなぎます。どうでしょうか、まるで自動車のワイパーのようにホーンが0度から180度まで、繰り返して動くのではないでしょうか。

図4－4　ブレッドボードの左右にある＋と－のラインを利用し、Arduinoの5V（＋）とGND（－）をつなぎ、同じくサーボモーターの赤（＋）と茶（－）のコードもつなぐ。デジタル信号を送るオレンジはブレッドボード経由でArduinoの9番ピンに接続した。

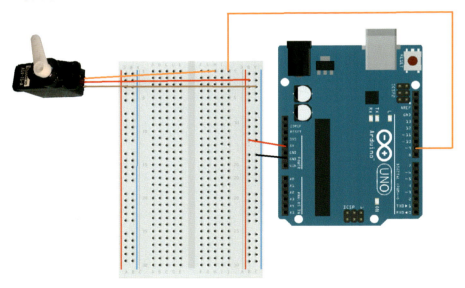

　このスケッチ例を使い、遮断機のスケッチをつくってみたいと思います。

　Sweepはリスト4－1のようになっています。

Part ④ 踏切遮断機、腕木式信号機をつくろう

リスト4－1

```
/* Sweep
 by BARRAGAN <http://barraganstudio.com>
 This example code is in the public domain.

 modified 8 Nov 2013
 by Scott Fitzgerald
 http://www.arduino.cc/en/Tutorial/Sweep
*/

#include <Servo.h>

Servo myservo;   // create servo object to control a servo
// twelve servo objects can be created on most boards

int pos = 0;     // variable to store the servo position

void setup( ) {
   myservo.attach(9);
                 // attaches the servo on pin 9 to the servo object
}

void loop( ) {
   for (pos = 0; pos <= 180; pos += 1) {
                 // goes from 0 degrees to 180 degrees
                 // in steps of 1 degree
     myservo.write(pos);
                 // tell servo to go to position in variable 'pos'
     delay(15);
                 // waits 15ms for the servo to reach the position
   }
   for (pos = 180; pos >= 0; pos -= 1) {
                 // goes from 180 degrees to 0 degrees
     myservo.write(pos);
```

サーボモーターを動かしてみよう

```
                    // tell servo to go to position in variable 'pos'
    delay(15);
                    // waits 15ms for the servo to reach the position
  }
}
```

　英語の説明文を除き、スケッチだけ　　　す。
にするとリスト4-2のようになりま

リスト4-2

```
#include <Servo.h>
Servo myservo;
int pos = 0;
void setup( ) {
  myservo.attach(9);
}
void loop( ) {
  for(pos = 0; pos <= 180; pos
  += 1){
    myservo.write(pos);
    delay(15);
  }
  for(pos = 180; pos >= 0; pos
  -= 1) {
    myservo.write(pos);
    delay(15);
  }
}
```

📖 読み方

＃インクルード＜サーボ.h＞
サーボ マイサーボ；
イント ポス＝0；
ボイド セットアップ（ ）{
マイサーボ.アタッチ(9);
}
ボイド ループ（ ）{
フォア（ポス＝0；ポス <= 180;
ポス ＋＝ 1){
マイサーボ.ライト（ポス）；
ディレイ(15);
}
フォア（ポス＝180; ポス ＞＝0；
ポス－＝1){
マイサーボ.ライト（ポス）；
ディレイ(15);
}
}

　これまでの交通信号機や灯式信号機
などのスケッチと比べてみると、見か
けない言葉がまたまた、たくさん出て
きました。とはいえ、それぞれの言葉
にどのような意味があるのか、イメー

ジできれば難しくありません。
　それに遮断機や腕木信号機のスケッ
チは、このSweepにPart.1～3で紹
介した言葉をわずか数行だけコピペし
て追加し、あとは使いやすいように数

94

字を何力所か書き換えるだけでいいんです。

では、スケッチにどんなことが書かれているのか、イメージしてみましょう。冒頭から初めて見る言葉が出てきました。#include（＃インクルード）と、<Servo.h>（＜サーボ.エッチ＞）とは何でしょうか。

じつは、Arduinoを動かすスケッチは世界中でつくられており、その中から誰でも使えるようなスケッチは1つのファイルにまとめられ、ArduinoのIDEの中のライブラリー（図書館）に保存されています。サーボモーターを制御する<Servo.h>もその1つで、必要に応じて取り出して使えるようになっています。

includeとは英語で、含めるという意味なので、#include <Servo.h>と書けば、ライブラリーの中から<Servo.h>というスケッチを取り込んで使えるようになります。

次に出てくるServo myservo;（サーボ マイサーボ;）は、<Servo.h>で動かすサーボモーターをmyservo（マイサーボ）と呼びますよ、というような意味だと思ってください。

3行目に出てくるpos＝0;（ポス＝0;）の「pos」とは、シャフトの止まる位置（角度）のことです。したがって、pos＝0;は、0度ということになります。

5行目のmyservo.attach(9);（マイサーボ.アタッチ(9);は、サーボモーターに送るデジタル信号を

Arduinoの9番ピンから出す、という意味です。attachは、英語で取り付けるということですね。

ここまでを簡単にまとめると、サーボモーターを制御するスケッチをライブラリーから取り込み、動かすサーボモーターをマイサーボと呼び、最初の角度を0度にして、角度を変えるときは9番ピンから、デジタル信号を出しなさい、という指示になります。

さて、このスケッチでキモとなるのが、この後に続く8〜9行目のfor (pos ＝ 0; pos <= 180; pos += 1){からです。

これはfor（フォア）という言葉から始まるので、for文とも呼ばれています。一見すると意味不明の暗号のように思えますが、使い方を覚えるととても便利な言葉だということがわかります。

英語のforは前置詞で「〜のために」などと使われますが、スケッチでは「繰り返す」という意味で使います。では、なにを繰り返すのでしょうか。それがforに続く（　）と、{　}の中に書かれています。

まず、何回繰り返すのかが（　）の中にあります。そして、なにを繰りかえすのかが{　}の中にあります。このスケッチを改行しないで1行にまとめると、こうなります。

for(pos ＝ 0; pos <= 180; pos += 1) {myservo.write(pos); delay(15);}

つまり、何回繰り返すのかが(pos

95

= 0; pos <= 180; pos += 1) で、何を繰り返すのかが {myservo.write(pos); delay(15);} ということになります。

もう少し詳しく説明します。for(pos = 0; pos <= 180; pos += 1) をよく見ると、（ ）の中は日本語の句点にあたる「;」で3つの言葉にわかれています。pos = 0; と、pos <= 180; と、pos +=1です。これが左から右に実行されます。pos とは角度のことでしたね。

見慣れない記号は「<=」と「+=1」ではないでしょうか。<= は、大なりの〈と、イコールの = を組み合わせたものです。つまり、A<=B なら、A は B より小さいか同じ、となり、「以下」という意味になります。これとは正反対に A>=B なら「以上」です。そして、+=1 は何となく想像できるように、1を加えなさいという指示です。−=1 なら、1を引くことになります。

ということは、何回繰り返すのかという指示が (pos = 0; pos <= 180; pos += 1) なので、最初の角度を0度にして、それが180度以下なら、1度ずつ加えなさい、ということにな

り、これを180度になるまで、繰り返して続けなさいとなります。

次に、なにを繰り返すかを見てみましょう。それを表すのが {myservo.write(pos); delay(15);} です。これも「;」で2つの言葉にわかれています。最初に出てくる myservo.write(pos)（マイサーボ . ライト（ポス））は、サーボモーターが指示した角度になるまで、デジタル信号を出力しろ、という意味です。delay(15) はその信号を15mm 秒ごとに出せという指示です。write や delay という言葉は Part.1で出てきましたね。

したがって、この Sweep のスケッチを実行すると、サーボモーターのホーンは初めに0度から180度まで動きます。次に、13行目から for(pos = 180; pos>= 0; pos-=1) {myservo.write(pos); delay(15); となっているので、今度は同じように180度から0度まで戻ります。そして、この指示は全部 void loop の中にあるので何度もこれを繰り返します。

全体をまとめると、リスト4−3のようなイメージで指示していることになります。

リスト4−3

```
#include <Servo.h>


Servo myservo;
```

ライブラリーからサーボ .h のファイルを取り込め
使用するサーボモーターはマイサーボと呼ぶ

Part ❹ 踏切遮断機、腕木式信号機をつくろう

```
int pos = 0;
void setup( ) {

  myservo.attach(9);
}
void loop( ) {
  for(pos = 0; pos <= 180; pos
  += 1){
    myservo.write(pos);

    delay(15);
  }
  for(pos = 180; pos>=0; pos-=1)
  {
    myservo.write(pos);

    delay(15);
  }
}
```

| 角度は最初 0 度 |

| スケッチが動くよう次のように準備しろ |

| 9 番ピンからデジタル信号を出せるようにしろ |

| 次の仕事を繰り返せ |

| 0 度から180度まで 1 度ずつ角度を上げろ |

| 指示した角度になるまでマイサーボにデジタル信号を出力しろ |

| 15mm 秒間隔で出力しろ |

| 180度から 0 度まで、 1 度ずつ角度を下げろ |

| 指示した角度になるまでマイサーボにデジタル信号を出力しろ |

| 15mm 秒間隔で出力しろ |

　Sweep のスケッチをなんとなくイメージできたでしょうか。たとえば、8 行目と13行目にある「180」を「90」に書きかえれば、サーボモーターは 0 ～90度 の Sweep（往復運動）となり、動くスピードも delay の「15」数字を増やせば動きが遅くなります。試してみてください。

97

遮断機のスケッチを考える

さて、Sweepのスケッチでサーボモーターを動かすことができました。ただし、このままでは鉄道模型の遮断機や、腕木式信号機などの駆動装置に使えません。レイアウトに組み込むためには、ホーンの動きをもっとコントロールする必要があります。

やってみたいのは、0度から90度までホーンが回転し、そこでしばらく止まり、再び0度まで戻る動きです。これができれば、クランクとの組み合わせで遮断機をつくれます。

まず、180度～0度の動きを90度～0度にしてみましょう。これは前述のように180を90に書き換えればいいだけです。次に0度と90度になったときに、delayを使ってそれぞれ3000mm秒（3秒）ほど止めてみましょう。delayの使い方はPart.3の灯式信号機と同じです。

delay( );というのは、指定した時間だけスケッチの流れを停止する指示なので、数字が大きければその時間も長くなります。

アミかけした部分が書き換えた部分と、追加した部分です。

リスト4－4

```
#include <Servo.h>
Servo myservo;
int pos = 0;
void setup( ) {
  myservo.attach(9);
}
void loop( ) {
  for (pos = 0; pos <= 90; pos
+= 1) {
    myservo.write(pos);
    delay(15);
  }
  delay(3000);
  for (pos = 90; pos >= 0; pos
-= 1) {
```

次の仕事を繰り返せ
0度から90度まで1度ずつ角度を上げろ

3秒間そのままの状態
90度から0度まで1度ずつ角度を下げろ

Part ④ 踏切遮断機、腕木式信号機をつくろう

```
  myservo.write(pos);
  delay(15);
 }
 delay(3000);                          ３秒間そのままの状態
}
```

　これに光センサーのスケッチを組み込んでみましょう。Part.2やPart.3で紹介したように、光センサーをスイッチの代わりに使うと、車両の通過で遮断機や腕木式信号機を上げ下げする

ことができるようになります。
　Part.2で紹介した光センサーでLEDを点灯させるスケッチをもう一度載せます。次のようなものでした。

リスト４－５

```
// 暗くなると自動点灯
const int analogPin = A0;              アナログピンは、A0に設定
const int ledPin = 13;                 led ピン（LED に電流を送るピン）
                                       は、13番ピンに設定

const int threshold = 250;             シキイチは、250


void setup( ) {                        スケッチが動くように準備しろ
  pinMode(ledPin, OUTPUT);             led ピンに出力できるようにしろ
  Serial.begin(9600);                  パソコンと通信しなさい
}


void loop( ) {                         次の仕事を繰り返せ
  int analogValue =                    アナログ値をアナログピン（A0）
  analogRead(analogPin);               から読み取れ
  if (analogValue< threshold) {        もしも、アナグロ値がシキイチより
                                       小さければ次のことをしろ

    digitalWrite(ledPin, HIGH);        led ピン（13番ピン）から電流を流
  }                                    せ
  else {                               そうでなければ（アナログ値がシキ
                                       イチより大きければ）次のことをし
                                       ろ
```

99

遮断機のスケッチを考える

```
    digitalWrite(ledPin,LOW);
  }
  Serial.println(analogValue);

  delay(1);
}
```

led ピン（13番ピン）から出力するな

（光センサーから）読み取ったセンサーの値を表示しろ

表示するのは1mm秒ごとだ

　思い出していただけたでしょうか。このスケッチは、光センサーから読み取ったアナログ値が、もしもシキイチ（threshold）の250よりも小さくなったら、13番ピンに接続したLEDを点灯させ、そうでなければLEDを消灯させます。シキイチの変化はA0ピンで受け、その結果を13番ピン（ledPin）から出力するという内容です。

　今回のスケッチはLEDを使用しないので、リスト4-5のスケッチからLEDとシリアル通信に関係する部分を取り除きます（アミカケしていない部分）。リスト4-6のようになりました。

リスト4-6

```
const int analogPin = A0;
const int threshold = 250;
void setup( ) {
}
void loop( ) {
  int analogValue =
  analogRead(analogPin);
  if (analogValue< threshold) {
  }
}
```

アナログピンは、A0に設定
シキイチは、250

アナログ値をアナログピン（A0）から読み取れ

もしも、アナグロ値がシキイチより小さければ次のことをしろ

　3～4行目のvoid setup( ){ }と、5行目のloop( ){ }は、すでにリスト4-4のスケッチの中にあるので、それ以外の行をコピペで加えていきます。constの行を#include<Servo.h>の次に入れ、それ以外の行をvoid loop( ){ }の中に入れます。

　先ほどの手を加えたSweepのスケッチ（リスト4-4）に、5行だけコピペを追加したスケッチがリスト4-7です。アミかけした部分が手を加え

100

た部分です。また Sweep のような往復運動にはしないので、最後のdelay(3000); は削除します。

　コピペするさいは文字や記号を漏ら

さないように、また文字のあとに不要なスペースを入れないように気を付けてください。さあ、これで完成です。

リスト 4 － 7

```
#include <Servo.h>
const int analogPin = A0;
const int threshold = 250;
Servo myservo;
int pos =0;
void setup( ) {
  myservo.attach(9);
}
void loop( ) {
  int analogValue = analogRead(analogPin );
  if (analogValue < threshold ) {
    for(pos = 0; pos <=90; pos += 1) {
      myservo.write(pos);
      delay(15);
    }
    delay(3000);
    for(pos =90; pos>=0; pos-=1)
    {
      myservo.write(pos);
      delay(15);
    }
  }
}
```

　さっそく、Sweep でサーボモーターを動かした回路に、光センサーを追加して試してみましょう。光センサーと 1 kΩのカーボン抵抗を用意し、そ

れぞれを図 4 － 4 のようにブレッドボードに挿し、ジャンパーワイヤーを使って配線します。

遮断機のスケッチを考える

図4-5 サーボモーターとArduinoを配線したブレッドボードに、光センサーを追加する。光センサーに＋－はないので、一方の足を5Vに、もう一方を1kΩの抵抗経由でGNDへつなぐ。ArduinoのA0ピンは、光センサーのGND側となった足につなげる。

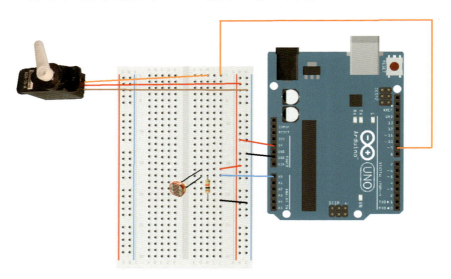

　作例でこのスケッチを試したところ、マイコンボードに書き込んだときや、再度電源を入れたとき、最初にホーンが90度の位置まで動き、そして光センサーに手をかざすと、いちどだけ0度に戻ってから90度まで素早く動き、3秒後に0度に戻りました。あとは光センサーに手をかざすと0度から90度に動き、3秒後に0度に戻ります。これなら使えそうです。

　ところで、小型サーボモーターは種類によって、0度で停止させると挙動が落ち着かず、微振動するものもあり

ます。対処法として、スケッチのposの数値を書き換えるといいようです。私の場合は、0度で微振動したので静止場所を探し、pos0をpos10に変えて、10度～90度の設定で行いました。

　また、手をかざしたときの感度はシキイチの値で変えられます。このスケッチでは250にしていますが、Part.2で紹介したようにシリアルモニタで確認しながら設定し直すこともできます。

102

Part ❹ 踏切遮断機、腕木式信号機をつくろう

踏切遮断機と腕木式信号機をつくる

▼踏切遮断機をつくる

　では、実際にNゲージで遮断機をつくってみましょう。クランクの動きを利用して遮断カンを上下させる仕組みを考えました。図4－6で示したように、サーボモーターの回転運動をホーンで水平方向の動きに変えたあと、それをA～C支点のある3つのクランクを使って上下の動きに変化させます。作例は加工しやすいようプラバンなどを使いましたが、耐久性やコンパクト性をより求めるなら、真鍮線や真鍮帯板を利用したほうがいいかもしれません。

　遮断機は身近にあるので、おおよそのサイズを測ってみました。ただ、そのまま縮小するとクランクを取り付けにくくなるので、つくりやすさを考えて遮断カンは直径0.5mmのプラ棒、遮断機の支柱は厚さ0.5mmのプラバンにしました。

　それでも、遮断カンを上下させるクランクが、少し大きくなりすぎたようです。別にもう1つ、真鍮線と真鍮帯板を使い支柱の中にクランクを全部収

図4－6　作例で考えた遮断機の構造。サーボモーターのホーンがA支点のプレートを動かすと、遮断機に取り付けたクランクが連動し遮断カンが上下する。スムーズな動きにするには、連結部分にアソビをほんの少しだけつける。

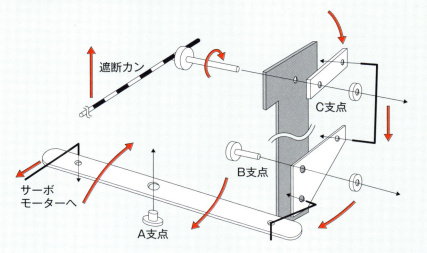

103

踏切遮断機と腕木式信号機をつくる

図4-7 踏切遮断機の駆動部分。おおよその実測サイズは、高さ1100mm×幅200mm×長さ360mm、後ろに飛び出した駆動部は、幅320mm程度になっており、遮断カンは直径50mm。これをNゲージの1/150サイズにすると、高さは7mm程度になる。作例では幅を3mm、遮断カン直径を0.5mmにした。

めるタイプもつくってみました。

　作例では、水平方向に左右5〜6mmぐらいホーンを動かすだけで、遮断カンを上下させられるので、動かす角度も10度〜90度より小さくなりました。この角度は実際に動かしながら決めるといいと思います。

　遮断カンの動きをもっと遅くしたいときは、delay(15); の値を増やします。肝心なのは遮断カンの下りている時間です。スケッチだと3000mm秒、つまり3秒間なので、これでは短すぎます。設定する時間は、それぞれのレイアウトで走らせる車両の長さによって決めるといいでしょう。

▼腕木式信号機をつくる

　遮断機の次は腕木式信号機をつくってみました。アクセサリーとして市販されているので、腕木の部分だけはずし、クランクで動くように改造してみました。力点と支点の長さにもよるのでしょうが、こちらもホーンを水平方向に2〜3mm動かすだけで十分でした。

　なお、Arduinoから直接5V電源をとって動かせるサーボモーターは1個だと考えてください。Arduinoの供給可能な最大電流はUNOで50mA、これに対し作例で使用したサーボモーターの消費電流は、300mA程度です。このままでは、過電流になります。複数のサーボモーターを動かすには、Part.7のようにモータードライバを入れた別電源にして、サーボモーターの消費電流に応えるようにします。

Part ❹ 踏切遮断機、腕木式信号機をつくろう

図4－8 遮断機の支点になるピンは、直径2mmのプラ棒に同1mmの穴をあけ、カッターで薄くスライスし、そこに同1mmのプラ棒を接着する。加工は、まずプラ棒の中心に針を刺し、それをポンチマークにしてドリルで穴をあけた。

図4－9 B支点のクランクの写真。サーボモーターから伝わる動きを、水平方向から垂直方向に変えることで、遮断カンを上下する動きに変えている。クランクのサイズは底辺5mm×高さ5mmの二等辺三角形で各クランクへの動きは直径0.3mmの真鍮線で伝えている。

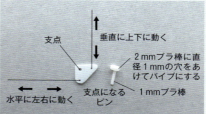

図4－10 遮断機のパーツ。使用した材料は厚さ0.5mmのプラバン、直径2mm、1mm、0.5mmのプラ棒、5mmのプラL型棒、直径0.3mmの真鍮線。支柱は長さ14mm（地上部分7mm）×幅3mmで、遮断カンの長さは50mm。ゼブラ模様に塗るとそれらしく見える。

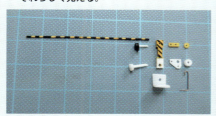

図4－11 パーツを組みたてた遮断機。C支点が目立ちすぎるので、もっとコンパクトにして、箱状のカバーをかければ実感的になりそう。

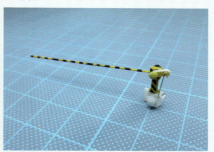

図4－12 遮断機のC支点のクランク部分を短くし、支柱のなかに収めてみた。このほうが実感的になる。

図4－13 ホーンの腕はできるだけ短くなるようニッパで切り落とし、直径0.5mmの穴をあけた。腕が当たらないので少ないスペースでも動かせる。

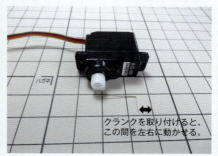

踏切遮断機と腕木式信号機をつくる

図4-14 厚さ0.5mmのプラバンのベースにサーボモーターと遮断機を取り付ける。サーボモーターの動きに合わせてクランクが動き、遮断カンが上下動する。

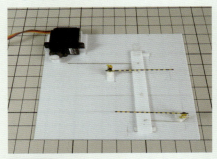

図4-15 ベース部分が薄いのでそのまま線路を被せられる。ただ、クランクの当たる部分は、少し削らなければならない。サーボモーターを隠すようにストラクチャーを置けば、ほとんどフラットの状態で設置できそう。

図4-16 C支点のクランクを短くして支柱の中に入れた遮断機。工作は少しめんどうだが、より実感的になる。ベース部分は図4-14と同じ。ほとんどフラットな状態で設置できた。

図4-17 腕木式信号機は市販のアクセサリーを利用した。腕木を取り外したあと、スムーズに動くよう新たに直径0.5mmのプラ棒を取り付け、腕木に直径0.5mmの穴をあけて真鍮線で上下させるようにした。

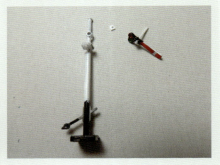

図4-18 サーボモーターの動きに合わせ、腕木を上下に動かすためのクランク。材料はすべて遮断機と同じようにプラバンと、プラ棒を使った。写真下のプラ棒のシャフトは直径1mm。

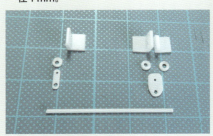
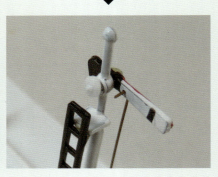

Part ❹　踏切遮断機、腕木式信号機をつくろう

図 4 − 19　クランク装置の構造。

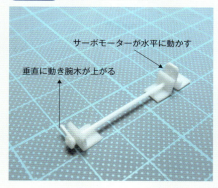

サーボモーターが水平に動かす

垂直に動き腕木が上がる

図 4 − 20　厚さ0.5mm のプラバンのベースに腕木式信号機とサーボモーターを取り付けた。5 mm のプラ L 型棒をベースに接着し、サーボモーターの左右と頭の部分をはめて固定する。腕木式信号機は線路の下にクランクのシャフトを通すため、5 mm ほど持ち上げている。

図 4 − 21　ベースの上に線路を被せて完成。腕木式信号機も遮断機と同じように、ほとんどフラットな状態で設置できるので、組み立て式のレイアウトでも使えそう。ただし、サーボモーターの隠し方が課題。

107

Part ⑤

踏切警報機を
つくろう

警報音を出す

　Part.1〜Part.4ではLEDの自動点滅による信号機や、サーボモーターを使った遮断機を紹介してきました。Part.5ではこれらのスケッチを合体させ、警報機と遮断機のある踏切の製作にチャレンジしてみたいと思います。警報機で交互に点滅を繰り返す警報灯は、本書の冒頭で紹介した「Blink」のスケッチを使えば、カンタンにLEDを自動点滅させられます。

　まだ紹介していないのは、Arduinoから警報音を出すスケッチです。マイコンはLEDやサーボモーターなどを制御するだけでなく、音も出せるスグレものなんです。それも、ドレミの音階をメロディにして奏でることだってできます。

　まずはArduinoを使って音を出してみましょう。圧電ブザーを3つ用意し、図5－1のように、それぞれ1本の電線をアルディーノの8番ピン、7番ピン、6番ピンに、もう1本をGNDにつなぎます。

図5－1 Arduinoに3つの圧電スピーカーをセットして、サンプルスケッチ「toneMultiple」を書き込むと、それぞれの圧電スピーカーから音が出る。

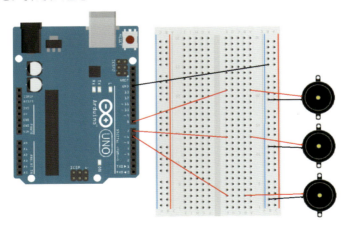

　次に、ArduinoのIDEの「ファイル」にある「スケッチ例」を開き、上から2番目の「Digital」の中の「toneMultiple」を選び、書き込んでください。

　突然、ブー、ピー、パーと騒がしい音が、規則正しく3つの圧電ブザーからそれぞれ出てくると思います。

　このArduinoの機能を利用して警

報機の音をつくりたいと思います。
toneMultiple のスケッチは、リスト

5－1のようになっています。

リスト 5－1

```
/*
    Multiple tone player

  Plays multiple tones on multiple pins in sequence

  circuit:
  * 3 8-ohm speaker on digital pins 6, 7, and 8

  created 8 March 2010
  by Tom Igoe
  based on a snippet from Greg Borenstein

  This example code is in the public domain.

    http://www.arduino.cc/en/Tutorial/Tone4

    */

void setup( ) {

}

void loop( ) {
  // turn off tone function for pin 8:
  noTone(8);
  // play a note on pin 6 for 200 ms:
  tone(6, 440, 200);
  delay(200);

  // turn off tone function for pin 6:
```

警報音を出す

```
    noTone(6);
    // play a note on pin 7 for 500 ms:
    tone(7, 494, 500);
    delay(500);

    // turn off tone function for pin 7:
    noTone(7);
    // play a note on pin 8 for 500 ms:
    tone(8, 523, 300);
    delay(300);
  }
```

　これまでと同じように、英語で書か
れた説明文を削除するとリスト5－2
のようになります。Part.1～Part.4で

紹介してきたスケッチと比べてみる
と、ずいぶんスッキリとしていて、単
純そうに見えませんか。

リスト5－2

```
void setup( ) {
}
void loop( ) {
  noTone(8);
  tone(6, 440, 200);
  delay(200);
  noTone(6);
  tone(7, 494, 500);
  delay(500);
  noTone(7);
  tone(8, 523, 300);
  delay(300);
}
```

　では、3行目の void loop( ){か
ら下の行を見てください、noTone
（ノートーン）、tone（トーン）、delay

（ディレイ）の3つの言葉が繰り返さ
れているのがわかります。このうちの
delay はスケッチの流れを指定した

112

mm秒だけ止める、もうおなじみの言葉ですね。ここでキモとなるのは（　）の中の数字です。

　スケッチを紹介する前に、まず圧電スピーカーについて、ちょっとだけ触れておきます。圧電スピーカーは音楽を聴くときに使う一般的なスピーカーと違い、おもに電子音のような単音のメロディを鳴らすときに利用されます。

　円盤状のスピーカーの中には圧電振動板という薄い板が入っていて、この板に電圧を加え、その電圧の変化を振動に変えて音を出します。加える電圧の周波数を長くしたり、短くしたりすることで音階になります。ちなみに、ドの音の周波数は262Hz（ヘルツ）、レは294Hzです。

図5－2　圧電スピーカー。大きさは直径2.5cm程度でブザーや電子音など、単音を出すときに使用することが多い。このため圧電ブザーと呼ばれることもある。1個100円もしない。

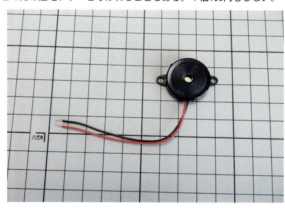

さて、スケッチに戻り、それぞれの言葉を見てみましょう。noToneとtoneという言葉ですが、toneの方は指定したピンから、指定した周波数を、指定した時間だけ出力します。一方のnoToneは周波数の出力を停止する言葉です。

　（　）の中に出力するピン番号、周波数、出力する時間が順に入ります。

　つまり、tone(6, 440, 200);は、「6番ピンから440Hzを200mm秒（0.2秒）出せ」になります。そして、

delay(200);なので「そのまま200mm秒（0.2秒）間停止しろ」となります。noTone(6);は「6番ピンから周波数を出すのを停止」です。

　tone(6, 440, 200);の「200」と、delay(200);の関係ですが、ともに同じような指示なので「200」は、なくてもいいように思います。しかし、これを「200」から「400」に書き換えて、聞き比べてみてください。音が変わるはずです。

113

踏切警報音をつくる

このサンプルスケッチを少しだけいじり、踏切警報音をつくってみましょう。警報音は鉄道会社や設置場所によって違いますが、一般に聞きなれた音だと「キーン、キーン」や「カン、カン」ではないでしょうか。

すぐれた音感を持っている人なら、これを音階にすぐに変換できるかもしれませんが、オンチの私にはとてもムリな話です。インターネットを検索しまくって警報音の音階について調べてみました。

すると多かったのは、和音などを利用した「ファとファ＃の繰り返し」と、「ドとミの繰り返し」でした。ドとミの繰り返しは、救急車のピーポー音に聞こえるので、ファとファ＃をベースに周波数を少しずつ変え、聞き比べてみました。どんな警報音を鳴らすのか、それを決定するのがこのスケッチの最大のポイントだと思います。

音階と周波数の関係は表5－1の通りです。音の高さからファの698Hzと、ファ＃740Hzを選び、これを基準に周波数の数値を増やしたり、減らしたりしてみました。

その結果、675Hzの繰り返しが一番近そうに思えました。周波数の出力時間は音の切れを期待し、500にしました。ただ、このスケッチは単音しか出ないので、「そう言われれば何となく警報音に聞こえる」というレベルです。周波数をいろいろ変えて、気に入った音を探してみてください。

実際の踏切警報音も同じように電子音を鳴らしているのですが、じつは2つ以上の音の和音になっています。なので「ファン、ファン」などと聞こえ、注意を喚起しながら耳障りにならないような音となっています。

Arduinoでもこの音を再現できますが、かなり専門的なスケッチの知識が必要です。もし、実際に近い音を出そうとするなら、警報音のサウンドIC か、またはボイスレコーダーを使って、音を鳴らすタイミングだけArduinoでコントロールすることを考えたほうがいいかもしれません。

図5－3 踏切警報音は、鉄道会社や場所によって違う。

Part **5** 踏切警報機をつくろう

表 5 - 1 音階と周波数（音の高さ）の関係

周波数が変わると音階も変わる。たとえば、ドレミを周波数で書くと、262、294、、330になる。こうした電子音のメロディはチャイムや電話の保留音など、身近で利用されている。

ド	262	523	1047	2093	4186
ド＃	277	554	1109	2217	4435
レ	294	587	1175	2349	4699
レ＃	311	622	1245	2489	4978
ミ	330	659	1319	2637	5274
ファ	349	698	1397	2794	5588
ファ＃	370	740	1480	2960	5920
ソ	392	784	1568	3136	6272
ソ＃	415	831	1661	3322	6644
ラ	440	880	1760	3520	7040
ラ＃	466	932	1865	3729	7458
シ	494	988	1976	3951	7902

（単位：Hz）

コラム　チューリップの周波数

さ	い	た	さ	い	た	ちゅ	ー	りっ	ぷ	の	は	な	が
262	294	330	262	294	330	392	330	294	262	294	330	294	
ド	レ	ミ	ド	レ	ミ	ソ	ミ	レ	ド	レ	ミ	レ	

さ	い	た	さ	い	た	ちゅ	ー	りっ	ぷ	の	は	な	が
262	294	330	262	294	330	392	330	294	262	294	330	262	
ド	レ	ミ	ド	レ	ミ	ソ	ミ	レ	ド	レ	ミ	ド	

ど	の	は	な	み	て	も	き	れ	い	だ	な
392	392	330	392	440	440	392	330	330	294	294	262
ソ	ソ	ミ	ソ	ラ	ラ	ソ	ミ	ミ	レ	レ	ド

115

踏切警報音のスケッチ

675Hz の音を繰り返すようスケッチに手を加えます。といっても、いらない言葉6行消して、数字を書き換えるだけで OK です。まず圧電スピーカーは1つあればいいので、6番ピンだけを残し、それ以外の7番ピンと8番ピンのスケッチは削除します。次に、6番ピンの tone(6, 440, 200); を tone(6,675,500); に変え、delay(300); を delay(550); に書き換えました。

リスト5－3のようなシンプルなスケッチになりました。

リスト5－3

```
void setup( ) {
}
void loop( ) {
  tone(6,675,500);

  delay(550);
  noTone(6);
}
```

次の仕事を繰り返せ
6番ピンから675Hz を500mm 秒出力しろ
550mm 秒そのままの状態
6番ピンの周波数の出力を停止

では、この警報機に警報灯の点滅を加えてみましょう。これも警報音を鳴らすスケッチに、LED を交互に点滅させるスケッチを加えるだけです。点滅させるスケッチは Part.1で紹介した通りです。もう一度、交通信号機のスケッチを紹介します。13～11番ピンから出力しており、警報灯ではこの出力時間とピンの数を変えます。

リスト5－4

```
// 交通信号機をつくろう
void setup( ) {
  pinMode(13, OUTPUT);
  pinMode(12, OUTPUT);
  pinMode(11, OUTPUT);
```

スケッチが動くように準備しろ
13番ピンから出力できるようにしろ
12番ピンから出力できるようにしろ
11番ピンから出力できるようにしろ

Part ⑤ 踏切警報機をつくろう

```
}
void loop( ) {
  digitalWrite(13, HIGH);

  delay(15000);
  digitalWrite(13, LOW);

  digitalWrite(12, HIGH);

  delay(5000);
  digitalWrite(12, LOW);

  digitalWrite(11, HIGH);

  delay(10000);
  digitalWrite(11, LOW);
}
```

次の仕事を繰り返せ

13番ピンから出力しろ（緑のLED
点灯）

15秒間そのままの状態

13番ピンから出力するな（緑の
LED消灯）

12番ピンから出力しろ（黄のLED
点灯）

5秒間そのままの状態

12番ピンから出力するな（黄の
LED消灯）

11番ピンから出力しろ（赤のLED
点灯）

10秒間そのままの状態

11番ピンから出力するな（赤の
LED消灯）

　交通信号機と違い、警報機はLED
を4つ使いますが、線路を挟んで向か
い合う2つのLEDは、同じタイミン
グで点滅します。したがって、LED
は2個セットで交互に点滅すればいい
ので、出力するピンは13番ピンと12番
ピンの2つだけで済みます。
　さっそく、交通信号機のスケッチを
書き換え、そこに警報機のスケッチを

入れてみましょう。
　このスケッチのキモはLEDの点滅
と警報音の同期です。点滅を繰り返し
ながら音を鳴らすには、両方のスケッ
チのdelayを同じ時間にしなければ
なりません。そこで、スケッチは警報
音にそって合体させました（リスト5
－4）。アミかけの部分が警報音です。

リスト5－4

```
void setup( ) {
  pinMode(13, OUTPUT);
  pinMode(12, OUTPUT);
}
void loop( ) {
```

117

踏切警報音のスケッチ

```
    tone(6,675,500);
```
６番ピンから周波数675Hzを500mm秒出力しろ

```
    digitalWrite(13, HIGH);
```
（LED点灯）
```
    delay(550);
```
550mm秒そのままの状態
```
    noTone(6);
```
６番ピンの出力を停止
```
    digitalWrite(13, LOW);
```
（LED消灯）
```
    tone(6, 675,500);
```
６番ピンから周波数675Hzを500mm秒出力しろ

```
    digitalWrite(12, HIGH);
```
（LED点灯）
```
    delay(550);
```
550mm秒「そのままの状態」
```
    noTone(6);
```
６番ピンの出力を停止
```
    digitalWrite(12, LOW);
}
```
（LED消灯）

図 5 − 4 Arduinoに圧電スピーカーとLEDを4つ加えた回路。LEDは2つで1セットになっている。これで警報音を鳴らしながら、LEDを点滅させられる。

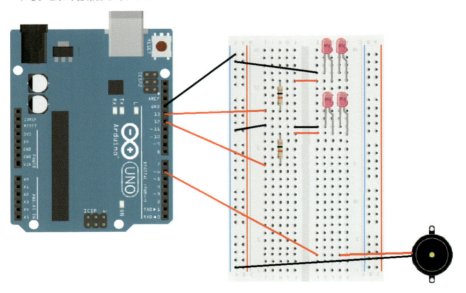

Part **5** 踏切警報機をつくろう

光センサーを加える

レイアウトに組み込むためには光センサーも必要になります。これもPart.2やPart.4で紹介した、光センサーを使用するスケッチを使えば、すぐに解決します。

Part.4と同じように、この中から光センサーに必要な部分だけ取り出してみます。リスト5－5の4行です。

リスト5－5

```
const int analogPin = A0;
const int threshold =250;
int analogValue = analogRead(analogPin);
if (analogValue< threshold) { }
```

このうちの const int analogPin = A0; は、「アナログピンは A0」という意味で、const int threshold =250; は、「シキイチは250」という意味でした。そこで、ここでは続く行のanalogPin と threshold をそれぞれA0と250に置き換え、前の2行は削除してしまいました。次のようになります。

```
int analogValue =
analogRead(A0);
if (analogValue< 250) { }
```

これを先ほどの警報機のスケッチに組み込みます（リスト5－6）。アミかけした部分が光センサーの部分です。コピペするときは、}や、最後の：を忘れないようにしてくださいね。

リスト5－6

```
void setup( ) {
  pinMode(13, OUTPUT);
  pinMode(12, OUTPUT);
}

void loop( ) {
  int analogValue = analogRead(A0);
```

119

光センサーを加える

```
if (analogValue< 250) {
  tone(6,675,500);
  digitalWrite(13, HIGH);
  delay(550);
  noTone(6);
  digitalWrite(13, LOW);
  tone(6, 675,500);
  digitalWrite(12, HIGH);
  delay(550);
  digitalWrite(12, LOW);
  noTone(6);
 }
}
```

図5－5 光センサーの回路を加えると、手でさえぎったときに警報音が鳴りLEDも点滅する。

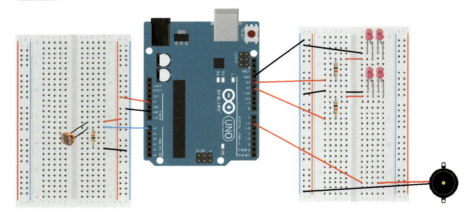

　どうでしょうか、手でさえぎるとLEDが点滅し、警報音が鳴ると思います。ただ、スケッチはシキイチが250より少ない（暗い）ときだけ実行されるので、手をかざすのをやめれば、すぐに終わってしまいます。このままではレイアウトに組み込めません。踏切警報機で使うには、光を一度さえぎると、しばらく点滅と警報音が続くスケッチにしなければなりません。

　この繰り返しを指示する言葉は、Part.4で紹介した「for文」です。サーボモーターを動かすときのfor文を

Part **5** 踏切警報機をつくろう

使います。そこではリスト5－7のよ
うになっていました。

リスト5－7

```
for(pos = 0; pos <= 180; pos +=
1){
  myservo.write(pos);
  delay(15);
}
```

📖📖 **読み方**

フォア (ポス＝0; ポス <= 180; ポ
ス += 1) {
マイサーボ.ライト (ポス);
ディレイ (15);
}

　もう一度、説明します。for文は
「繰り返せ」という意味で、for(①)
{ ② }のような型になっています。何
回、何を繰り返すのかが、forに続く
(①)と{ ② }の中に書かれており、
このうち何回が①に入り、何を繰りか
えすのかが②に入っています。

　リスト5－7のスケッチの場合、
(①)の中は、(最初の角度は0、角度
が180度以下なら、180度になるまで1
度ずつ角度を加えていきなさい) とい
う意味です。つまり、最初の角度が0
度になっているので、180度になるま
で繰り返すことになります。

　それで、何を繰り返すのかという
と、それが{ }の中の、{ サーボモー
ターの角度を15mm秒ごとに動かせ}
です。これにより、180度になるまで
15mm秒ごとに1度ずつ角度が上がり
ます。

　これを、警報機のスケッチに当ては
めてみましょう。②の何を繰り返すの
かは、警報音とLEDの点滅です。こ
れはLEDの点滅と警報音のスケッチ
としてすでに書かれています。ポイン

トは①です。警報機を何回、つまり何
mm秒間動かすのかを。ここで決めて
しまうわけです。

　先ほどのスケッチのままならLED
を点滅させながら「キン、キン」と警
報音が2回鳴って終わりです。時間に
すると、delay(550); が2回なので、
合計1100mm秒（1.1秒）です。これ
を10回繰り返せば11秒になり、20回な
ら22秒になります。

　そこで車両が光センサーの上を通過
すると11秒鳴り続けるようにしてみま
した。スケッチに加えるのは「もしも
シキチイチが250よりも小さくなかっ
たら（光をさえぎられたら）、10回繰
り返しなさい」という言葉です。

　今回は、角度を表すposという言
葉を使わないので、その代わりにいろ
いろな数字に置き換えられるiという
文字を使います。たとえば、for(i＝
0; i< 10; i ++) なら、iがposの代
わりになるので、カッコの中は（最初
のiは0、iが10より小さければ、9
になるまでiに1ずつ加えていきなさ
い）となり、0～9まで10回繰り返し

121

光センサーを加える

ます。＋＋の記号は＋＝１と同じよ
うに１を加えるという意味です。
　if (analogValue< 250) に続く｛　｝

の中に、for文で10回繰り返す内容を
入れてみましょう。次のようになりま
した。

リスト５−８

```
int analogValue =
analogRead(A0);
if (analogValue< 250) {

  int i;

  for(i=0;i<10;i++){ ①
  }
}
```

光センサーのアナログ値をアナログ
ピン（A0）から読み込め

もしも、アナグロ値がシキイチより
小さければ次のことをしろ

いろいろな数字に置き換えられるi
という記号を使うぞ

最初のiは０で、iが10より小さけ
れば９になるまで、iに１ずつ加え
ながら、①の仕事を繰り返せ

　リスト５−６のスケッチに組み込ん
でみました（リスト５−９）。アミか
けの部分が新たに追加した部分です。
　最後の「｝」や、数字を書き換えた

際の「;」を忘れないでくださいね。
これも光センサーと同じように、たっ
た３行加えるだけですから、すぐでき
てしまいます。

リスト５−９

```
void setup( ) {
  pinMode(13, OUTPUT);
  pinMode(12, OUTPUT);
}


void loop( ) {
  int analogValue = analogRead(A0);
  if (analogValue< 250) {
    int i;
    for(i=0;i<10;i++){
      tone(6,675,500);
      digitalWrite(13, HIGH);
```

122

```
    delay(550);
    noTone(6);
    digitalWrite(13, LOW);
    tone(6, 675,500);
    digitalWrite(12, HIGH);
    delay(550);
    digitalWrite(12, LOW);
    noTone(6);
   }
  }
}
```

コラム　踏切の種類

踏切には遮断機のあるもの、踏切警報機だけのもの、踏切警標だけのもの、と4つの種類があります。全廃された第2種は昭和のレイアウトにふさわしいかもしれません。

図5−6　踏切道の種別

参考：一般社団法人日本民営鉄道協会「大手民鉄鉄道事業データブック2017　大手民鉄の素顔」2017年10月

遮断機の付いた警報機にしてみよう

　最後に、PART.4でつくった遮断機と組み合わせてみます。問題は遮断機のサーボモーターにも、警報機にもfor文をスケッチに使っていることです。

　光センサーで感じて警報機がスケッチを実行するまではいいのですが、これに遮断機のスケッチを追加すると、まず警報機のfor文を実行し、次に遮断機のfor文を実行するので、警報機が鳴り終わったあとに遮断機が下りることになります。

　両方のスケッチを合体させるには、どちらかのfor文を外さなければなりません。警報音とLEDの点滅は変更したくないので、遮断機のfor文を外しました。このため、サーボモーターの回転スピードは調整できなくなりました。

　リスト5－10がPart.4で紹介したサーボモーターを動かすスケッチです。ここから光センサーやfor文など、ダブっている言葉を取り除き、サーボモーターを動かす最小限の言葉にしてみました。アミかけした部分が不要部分です。

リスト5－10

```
#include <Servo.h>
const int analogPin = A0;
const int threshold = 250;
Servo myservo;
int pos =0;
void setup( ) {
  myservo.attach(9);
}
void loop( ) {
  int analogValue = analogRead(analogPin );
  if (analogValue < threshold ) {
    for(pos = 0; pos <=90; pos += 1) {
      myservo.write(pos);
      delay(15);
    }
```

Part ❺ 踏切警報機をつくろう

```
    delay(3000);
    for(pos =90; pos>=0; pos-=1) {
      myservo.write(pos);
      delay(15);
    }
  }
}
```

つまり、リスト5－11のようになり　ます。かなりシンプルです。

リスト5－11

```
#include <Servo.h>
Servo myservo;
void setup( ) {
  myservo.attach(9);
}
void loop( ) {
  myservo.write(pos);
}
```

このスケッチの「pos」のところ
に、回転させたい角度を数字で入れま
す。

myservo.write(90);なら、90度ま
で動きます。ただし、このままだとホ
ーンは90度になったままの状態です。
再び0度に戻すには言葉を追加しなけ
ればなりません。これを追加しなが
ら、警報機のスケッチ（リスト5－

9）に加えてみましょう。

まず、void setup( ){ }と、void
loop( ){ }は共通なので、#include
<Servo.h>と、Servo myservo;
それにサーボモーターの受信ピンとな
る myservo.attach(9);、角度を設
定する myservo.write( );を加えま
す。リスト5－12のようになりまし
た。アミかけ部分がそれです。

リスト5－12

```
#include <Servo.h>
Servo myservo;
```

125

遮断機の付いた警報機にしてみよう

```
void setup( ) {
 myservo.attach(9);
 pinMode(13, OUTPUT);
 pinMode(12, OUTPUT);
}


void loop( ) {
  int analogValue = analogRead(A0);
  if (analogValue< 250) {
    int i;
    for(i=0;i<10;i++){
      tone(6,675,500);
      digitalWrite(13, HIGH);
      delay(550);
      noTone(6);
      digitalWrite(13, LOW);
      tone(6, 675,500);
      digitalWrite(12, HIGH);
      delay(550);
      digitalWrite(12, LOW);
      noTone(6);
      myservo.write(90);
    }
    delay(1000);
    myservo.write(0);
  }
}
```

　このスケッチは、警報音を「キンキ
ン」と鳴らして、LED を交互に1回
ずつ点滅させると、myservo.write(90);
を実行し、サーボモーターの角度が90
度なります。そして、そのまま音と
LED の交互点滅を繰り返し、for 文が

終わると、下から4行目の delay(1000);
で1000mm 秒（1秒）間の間があき、
myservo.write(0);を実行するので、
サーボモーターの角度が0度に戻りま
す。なお、サーボモーターは前述のよ
うに位置決めの動きをするため、最初

126

だけ違う動きをします。
　どうでしょうか、光センサーを手でかざすと、警報音が鳴って警報灯が点滅し、サーボモーターの遮断機が下りると思います。そして10秒ほどで警報音が鳴りやんで警報灯の点滅も終わり、しばらくして遮断機が上がります。

　難点をあげるとすればサーボモーターの動きが速いので、遮断機がビュンと動いてしまうことでしょうか。
　これ以外にもスケッチの書き方がありますので、詳しくは専門書をお読みください。

図5-7 遮断機付き警報機の回路。圧電スピーカーとLEDの回路に、サーボモーターと光センサーの回路を組み合わせた。1つのブレッドボードに収めれば、もっとコンパクトになる。

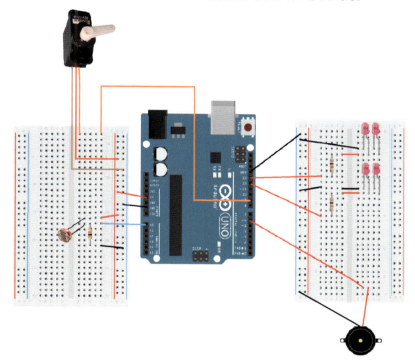

踏切警報機をつくる

　作例では、HOゲージとNゲージのそれぞれで、踏切警報機をつくってみました。まず資料集めです。インターネット上にはさまざま踏切警報機の画像がアップされており、とても参考になりますが、どうしても細部の構造が気になってしまうのが困った性格で、あれやこれやと実物を見に行きました。踏切警報機も時代とともに変化しており、レイアウトの時代背景に合わせることも大切なようです。

　図面は今回もネットを検索し、専門メーカーのWebで製品パンフレットを見つけました。踏切警報機もPart.1やPart.3の交通信号機や灯式信号機と、つくり方は、基本的に同じです。

　最初に紹介するHOゲージの作例は、外径1mm×内径0.8mmの細密パイプを支柱に使い、その中へチップLEDに配線したポリウレタン銅線を通しました。支柱1本あたり、4本のポリウレタン銅線を通しますが、1本0.15mmなので合計しても0.6mmとなり、余裕で通ります。

　チップLEDを使用したアクセサリーのポイントは、灯式信号機もそうでしたが、裏側から漏れる光をどうするかです。予想以上にLEDの発光が強いので、パテや黒の塗料を塗り重ねて遮光しなければなりません。

　Nゲージの踏切警報機ではチップLED1005を使用しましたが、遮光には同程度の作業が必要となりました。

　また、警報音は音の大きさを心配しましたが、鳴らす音は別として、単音の電子音なので、とくに小さく聞こえることもないようです。ただし、レイアウトの大きさや、周囲の環境によってはアンプ（音の増幅装置）も必要になります。アンプについてはPart.9に回路を参考に載せているので、そちらをお読みください。

　踏切はレイアウトを盛り上げる大きな要素の1つです。ぜひ、あなたの鉄道でも踏切警報機や遮断機を設置して楽しんでください。

Part ❺ 踏切警報機をつくろう

図5－8　東京・中央区に保存されている「浜離宮前踏切」。製作前には現物をやはり見たくなる。この警報機は、昭和62年まで築地市場への引き込み線で利用されていたという。

図5－9　インターネットで見つけた専門メーカー、東邦電機工業㈱のパンフレット（http://www.toho-elc.co.jp/pdf/SD43002A-01_121120.pdf）。さっそくプリントアウトし、記載されていた寸法から1/80サイズを割り出した。縮小コピーにすれば図面の代わりになる。

図5－10　警報灯を囲むドーナッツ状の警報板は0.3mmのプラバンからつくった。直径4mmの円をケガキ、その中心に直径2mmの穴をドリルであけ、周囲を皮ポンチ（穴あけ用器具）で抜き取った。中心を出しにくいので大量生産し、きれいにドーナッツ状に抜き取れたモノを選んだ。写真は上からハンマー、皮ポンチ、穴をあけたプラバン、ドリルの刃を加えたピンバイス。

図5－11　写真上から、チップLED1608を挿入する直径3mm長さ2.5mmのプラパイプ（内径は約2mm）、警報灯のヒサシ部分、警報板になるドーナッツ状の円盤。ヒサシは外径2mmの細密パイプの先端をヤスリで斜めに削り、長さ約3.5mmで切断した。

129

踏切警報機をつくる

図5-12　ドーナッツ状の円盤（警報板）から1mm程度ヒサシが出るように細密パイプを挿入する。後ろに約2.2mm突き出るので直径3mmのプラパイプをはめる。プラパイプは周囲とチップLEDを絶縁するため使用した。

図5-13　警報機の柱は、外径1mmの細密パイプを使用した。長さ52mmに切断し、下から42mmの部分にポリウレタン銅線を通すための穴をあける。穴は三角ヤスリの角で表面に傷をつけてから、針で突いてあけ、それをポンチマーク代わりにドリルで穴を大きくする。さらにドリルを斜めに当てて穴を楕円に広げた。

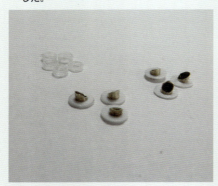

図5-14　警報機のパーツ。写真右下から、取り付け用の直径1mmの穴をあけた3×3mmのプラL型棒、5×5×2mmの正方形の台座（角材）、台座の中心に乗る直径5mmの円盤（プラ棒からの切り出し）、支柱と円盤の間に入る外径1.5mm長さ3mmの細密パイプ。警報機の頂点にある警報ブザーは、2mmプラ棒の先を紡錘上にヤスリで削った。クロスの警標は長さ15mm、で0.2×2mmの帯板を使用。寸法は台座から下を8mmとした。

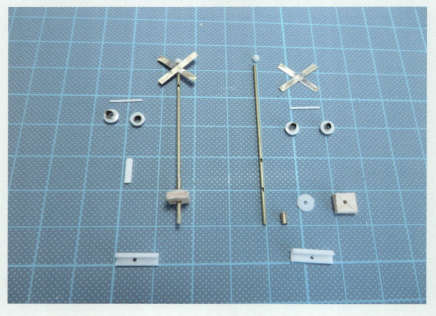

Part ❺ 踏切警報機をつくろう

図5−15　警報灯に使った赤色チップLED1608。長さ1.6mm×幅0.8mmと極小なので、1個ずつ取り出さないとなくしてしまいそう。20個入って200円だった。フィルム状のパッケージの中にチップLEDが入っている。

図5−16　警報灯のチップLED1608から出る4本のポリウレタン銅線は、細密パイプの中を通した。面倒でも1本ずつピンセットで慎重にパイプの中へ送ったほうが、早く通せる。切り口で擦れてポリウレタン銅線を切ったり、被膜を削ったりしないように注意したい。

図5−17　左右に分かれる警報灯は長さ10mm×直径0.75のプラ棒（エバーグリーン）でつなげた。警報灯に挿入した赤色のチップLEDは、セメダインスーパーXで固定し、さらに細密パイプの挿入口にも付けて固定した。

図5−18　組み立て後はプラバテを吹き、ポリウレタン銅線を安全のため基盤にはんだ付けした。こうしておくと、何かに引っかけて断線するミスを防げる。警報灯は裏から赤色光が漏れるので、プラバテを盛り、何度か黒色のプラカラーを塗って遮光した。チップLEDは明るく強く光るので遮光が工作のポイントになる。

踏切警報機をつくる

図5-19 全体をゼブラマークに塗ってHOの警報機が完成。

図5-20 Nゲージの警報機は、極小のチップLED1005を使用した。サイズは幅0.5mm×長さ1mm、厚さ0.4mm、吹けば文字通りどこかに飛んで行ってしまう。しかし、ポリウレタン銅線のハンダづけは極小サイズでも大して変わらない。はんだ付けしたあとにセメダインスーパーXを盛って保護しておくと安心。

図5-21 完成したNゲージの警報機。支柱は外径1mm×内径0.8mmの細密パイプ。クロスの警標は厚さ0.2mm×幅1.5mmの帯板。ゼブラマークに塗装すると"らしく"見える。

図5-22 警報機と遮断機を組み合わせればより実感的な踏切になる。

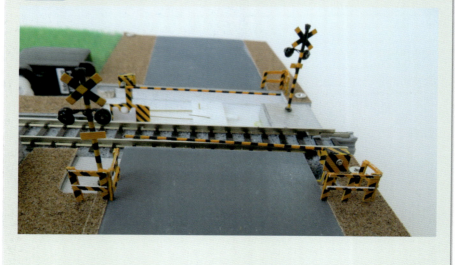

132

Part ⑥

ターンテーブルを
動かそう

ステッピングモーターとは

　鉄道模型で使ってみたいモーターの1つに、ステッピングモーターがあります。ステップモーターとも呼ばれ、工業用ロボットなどでもおなじみのモーターです。DCモーターと違いデジタル信号で制御するため、サーボモーターと同じように、細やかで正確な回転角度がつくれます。

　鉄道模型などで使うDCモーターは電流を流すとビュンビュンと力強く回り出し、回転スピードは電圧でコントロールします。しかし、ステッピングモーターは、サーボモーターと同じように、マイコンからデジタル信号で制御するため、回転スピードをコントロールできるだけでなく、思い通りの角度に止められます。

　この特徴を利用してつくってみたいのがターンテーブルです。たとえば、DCモーターでターンテーブルをつくろうとすると、車両をのせるプレートガーターを正確にゆっくり回転させるため、まずギアボックスの製作からはじめなければなりません。

　それも平ギアや、ウオームギアなど手に入れられるパーツを調べ、ギア比を考え、プラバンや真鍮板でギアボックスもつくらなければなりません。しかも、使用するモーターにはそれなりのパワーも求められます。

　ところが、ステッピングモーターならシャフトにプレートガーターを取り付けるだけでカンタンに回転させられ、ギアボックスをつくる必要もありません。

　ただし、ステッピングモーターにも問題点があります。まず、低速にすると動きが滑らかではありません。さらに、一定の角度を刻みながら時計の秒針のように動くので、回転するさいに振動もあります。また、DCモーターよりサイズが大きいことも、レイアウトに組み込むときの課題でしょう。

　一般的なステッピングモーターの構造について少しだけ説明します。ステッピングモーターはDCモーターと違い、シャフトになる回転子が永久磁石になっていて、そのまわりを電磁石で囲っています。回転させるときは、向かい合う回転子と電磁石を反発させるよう順番に電極に電流を流していきます。

　本体から引き出された6本のコードを見ればわかると思いますが、ステッピングモーターには4つの電磁石があり、それぞれ電流を流せるようになっています。

　これは、細やかに回転させるために取り囲む電磁石を4分割しているからで、ためしに製品の仕様書を参考に＋側と－側にコードを分け、順番に電流を流してみてください。シャフトが少

しずつ動いていくのがわかるはずです。このときのシャフトの動きが1パルス信号（デジタル信号）あたりで動く角度です。

Arduinoからこのパルス信号を送り、ステッピングモーターの角度をコントロールしてみましょう。

図6－1 ユニポーラ型のステッピングモーター。本体サイズは、高さ34mm×幅42mm×長さ42mm。シャフトは直径6.2mmで長さ15mm。本体から配線用のコードが6本出ている。ターンテーブルの動力として線路の下に組み込むには、ある程度の高さも必要となる

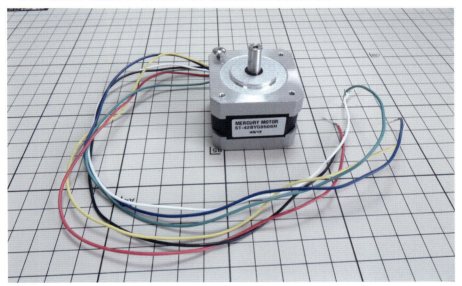

ステッピングモーターはコイルへの電流の流し方の違いで、ユニポーラ型とバイポーラ型に分類されます。今回利用したのはユニポーラ型で、価格は千円ちょっとでした。仕様書には、基本ステップ角1.8度±5％、1回転ステップ数200、入力定格電圧5Ｖ、定格電流0.5A/相と書かれていました。

基本ステップ角とは、1パルス当たりの角度のことで、1回転ステップ数は、1回転するのに何回ステップするのか（角度を変えるのか）という意味です。つまり、このステッピングモーターは5Ｖの電圧で1.8度ずつ200ステップ動き、1回転（360度＝1.8度×200回）するようになっています。

135

動かすにはトランジスタアレイが必要

さて、ここまでステッピングモーターについて理解したら、すぐにでもスケッチを読み込んで動かしたくなります。ところが、"ちょっと、待った！"なのです。

LEDや光センサーのように消費電流の小さな部品とちがい、ステッピングモーターは消費電流の大きなモーターです。このためArduinoをそのまま電源にできません。

そこで、新たな電源を別に用意しなければなりません。ここにモータードライバや、トランジスタアレイと呼ばれる電子部品を使います。

これらはArduinoから出すデジタル信号に応じて、電源から電流をステッピングモーターに送るのが役割です。インターネットで検索すると、その仕組みや使い方が多数ヒットするはずです。

作例ではArduinoのスケッチを日本語で紹介しているWebの「Arduino日本語リファレンス」に掲載されている回路を参考にしてみました。

図6－2 Arduino日本語レファレンスで紹介されている回路（http://www.musashinodenpa.com/arduino/ref/index.php?f=1&pos=259 参照）

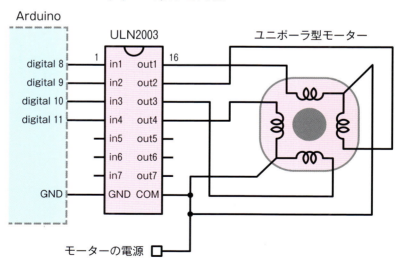

図6－2を見ると、Arduinoとユニポーラ型ステッピングモーターの間に「ULN2003」という部品が入っています。これがトランジスタアレイと

Part 6 ターンテーブルを動かそう

いう電子部品です。製品の表面には半円状のくぼみがあり、それを上にして右側に out1ピン～out7ピン、左側に in1ピン～in7ピンが並んでいます。最後のピンはGND（左側）とCOM（右側）です。

作例で使ったユニポーラ型のステッピングモーターはコードが色分けされており、仕様書を見れば、どの色の順番で電流を流せばいいのかがわかります。ULN2003の場合は out1ピンから、out4ピンまで順繰りに出力されるので、ステッピングモーターが回る順番に4本のコードをつなぎます。

残りの2本はともに電源の＋とULN2003のCOMにつなぎます。配線は図6－4のようにArduinoのdigital 8～11ピンとULN2003のin1～4ピンをつなぎ、ArduinoとULN2003のGNDに電源の－をつなぎます。

使用する電源の電圧は仕様書に準じてください。作例では家庭用のコンセントから取った電気を5Vに変えられるスイッチングACアダプターを利用しました。価格は600円ほどでした。

図6－3　トランジスタアレイ ULN2003。左右に8本のピンが突き出ており、サイズは幅7mm×長さ19mm。ブレッドボードに直接さして配線できるが、基板に取り付けるさいはIC専用のピンソケットを利用する。

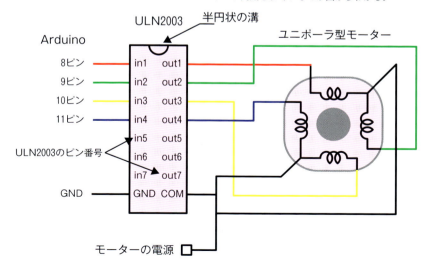

図6－4　トランジスタアレイ ULN2003と、ステッピングモーターの回路。左側はArduinoの各ピンにつながる。ステッピングモーターに4つのコイルが内蔵されているのが図からわかる。

137

動かすにはトランジスタアレイが必要

図6－5 ステッピングモーターとArduinoの回路。それぞれ別の電源になっている。

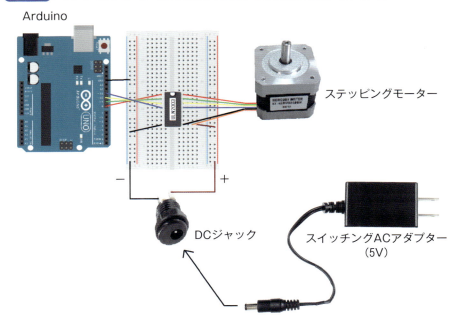

図6－6 スイッチングACアダプター。5V用、12V用などがある。

Part **6** ターンテーブルを動かそう

サンプルスケッチはどれを使うのか

配線が終わったら、さっそく Arduino の IDE からサンプルスケッチを書き込み、動かしてみましょう。

ステッピングモーターはステップ（Step）モーターとも呼ばれているため、スケッチ例では Stepper（ステッパー）という名前で登録されています。これまでの Part と同じように IDE の「ファイル」→「スケッチ例」→「Stepper」と選びます。

そこには、① MotorKnob（モーターノブ）、② Stepper_oneRevolution（ステッパー_ワンレボリューション）、③ Stepper_oneStepAtATime（ステッパー_ワンステップ AtA タイム）、④ Stepper_speedControl（ステッパー_スピードコントロール）の 4 つのサンプルスケッチがあります。

今回はまず、この中の stepper_oneRevolution（ステッパー_ワンレボリューション）をクリックして、Arduino に書き込んでみました。

Revolution とは英語で「回転」という意味なので、oneRevolution は 1 回転です。その言葉どおりステッピングモーターのシャフトは、時計回りに 1 回転し、次に反時計回りに 1 回転する動きを繰り返します。

ここで、ちょっと注意しておきたいことがあります。それはトランジスタアレイの発熱です。ブレッドボードに差し込んだトランジスタアレイの上を指で触ってみてください。ステッピングモーターを動かしていると、だんだん熱くなってくるのがわかると思います。

じつは、モータードライバや、トランジスタアレイは電流を流すと発熱します。これをしっかり覚えておいてください。触っていられないほど熱くなったら危険です。すぐに電源を切って冷ましてください。

さて、stepper_oneRevolution が 1 回転ごとに正転と逆転を繰り返すスケッチだということはわかりました。しかし、このままでは、ターンテーブルの駆動装置に使えません。欲しいのは、手元スイッチの操作で好きな方向に回転させ、好きな位置（角度）にシャフトを確実に止められるスケッチです。

そこで、4 つのサンプルスケッチをそれぞれ試してみました。すると、MotorKnob（モーターノブ）が使えそうなことがわかりました。Knob（ノブ）とはツマミの意味です。意訳すると「モーターを操作するツマミ」ということにでもなるのでしょうか。

このツマミとはボリュームのことです。ボリュームを回すと、その抵抗の変化に応じてステッピングモーターが動くスケッチになっています。これな

139

サンプルスケッチはどれを使うのか

ら、応用できそうです。

　プログラミングの知識があれば、専用のスケッチをつくることもできますが、この本は Arduino のスケッチ例に、ちょっとだけ手を加えて動かすこ

とを大前提にしているので、このサンプルスケッチを使います。

　リスト 6 － 1 が MotorKnob のサンプルスケッチです。英語の説明文を除くと、次のようになりました。

リスト 6 － 1

```
#include <Stepper.h>
#define STEPS 100
Stepper stepper(STEPS, 8, 9, 10,
11);
int previous = 0;
void setup( ){
    stepper.setSpeed(30);
}
void loop( ){
    int val = analogRead(0);
    stepper.step(val -
    previous);
    previous = val;
}
```

📖📖 読み方

＃インクルード＜ステッパー.h ＞
＃ディファイン ステップス 100
ステッパー ステッパー(ステップ
ス ,8,9,10,11);
イント プリビアス＝0 ;
ボイド セットアップ (　){
ステッパー. セットスピード (30);
}
ボイド ループ ( ){
イント バル＝アナログリード (0);
ステッパー. ステップ (バル - プ
リビアス);
プリビアス＝バル ;
}

140

Part **6** ターンテーブルを動かそう

サンプルスケッチのだいたいのイメージ

これまでの Part に目を通してきた
方なら、それほど構えることなくスケ
ッチと向き合えるのではないでしょう
か。

最初に出てくる #include に見覚え
がありませんか。そうです、Part.4の
サーボモーターをコントロールするスケ
ッチで登場しました。

同じように #include <Stepper.
h> も、<Stepper.h> というファイ
ルをライブラリーの中から取り込んで
使いなさい、という指示です。
Arduino のライブラリーにさまざま
なファイルのあるのがわかります。

さて、次の行にある、#define
STEPS 100の「#define」は初めて
出てきた言葉です。Part.2に、const
という言葉がありましたが、じつは、
それと同じような使い方をします。

const は、スケッチの中で使う数
字や、ピンの番号を最初に決めてしま
い、あとから出てくる数字やピン番号
をいちいち書かずに省略できました。

#define も同じように、この言葉
を使うと、あとに続くピン番号や数字
などをわざわざ書かなくてもマイコン
に書き込んでくれます。

たとえば、#define STEPS 100な
ら、「STEPS は100」という意味にな
るので、これ以降の行で STEPS と書
けば、それを100という数字に置き換

えてくれます。また、100を200に書き
換えたいときは、#define STEPS
200と最初に書いてしまえば、それ以
降は全部200に置き換えられます。

なぜ、こんなややこしいことをする
のかというと、前も説明したようにス
ケッチが長くなると、何かの都合で
100を200に書き換えようとしたとき、
すべての行から100を探して200に書き
換えなければなりません。これでは大
変ですし、見落としてしまうキケンも
あります。そこで、最初に #define
を使いスケッチを書きやすくしている
のです。

MotorKnob のスケッチは、だいた
いリスト6－2のようなイメージで
す。なお、繰り返しになりますが、
「ステッパー」とはステッピングモー
ターのことです。

これまでの Part で紹介したスケッ
チに比べると、意味不明の部分もある
と思います。しかし、あまり難しく考
えず、この中からターンテーブルを動
かすために知っておきたい言葉を3つ
だけ、押さえておきます。

知っておきたいのはアミかけした、
2行目の #define STEPS 100と、8
行目 stepper.setSpeed(30); それに下
から2行目の stepper.step(val -
previous); です。これらの言葉の内
容をイメージできたら、数字を少しだ

141

サンプルスケッチのだいたいのイメージ

リスト6－2

```
#include <Stepper.h>


#define STEPS 100
Stepper stepper(STEPS, 8, 9, 10,
11);


int previous = 0;
void setup( )
{
  stepper.setSpeed(30);
}
void loop( )
{
  int val = analogRead(0);

  stepper.step(val - previous);
  previous = val;
}
```

ライブラリーからステッパー.hの
ファイルを読み込め

ステップスは100

使用するステッパーは100のステッ
プスで、8, 9, 10, 11番ピンからデジ
タル信号を出せるようにしろ

前回読み込んだ値は0にする

ステッパーのスピードは30rpm（30
回転／分）にしろ

ボリュームの値を0番ピン（A0ピ
ン）から読み込め

ボリュームの値が変化したぶんだけ
ステップしろ（角度を変えろ）

け書き換えるだけで実験用のスケッチ
ができます。

　まず、最初の #define STEPS 100
ですが、ここにある STEPS 100と
は、シャフトが1回転するときのステ
ップ数のことです。前述したように、
ステッピングモーターはパルス信号を
受けると、少しずつステップしながら
回転します。

　サンプルスケッチは100ステップに
なっているので、それ以上やそれ以下
のステップ数のステッピングモーター
を使うときは、この数字を書き換えま
す。ステップ数は、それぞれの製品の

仕様書に明記してあるので参照してく
ださい。

　次 の stepper.setSpeed(30); は、
回転スピードを表しています。
stepper.setSpeed のあとのカッコ
の中が毎分ごとの回転数です。サンプ
ルスケッチは1分間に30回転する速さ
に設定されています。

　最 後 の stepper.step(val -
previous); は、ステッパーのステッ
プが (val - previous); となっている
ので、ボリュームを回したときに
Arduino が読み込む値と思ってくだ
さい。

Part 6 ターンテーブルを動かそう

配線してみよう

　配線する前にボリュームの説明を少しだけします。ボリュームは可変抵抗器とも呼ばれ、パワーパックなどにも使われているので、みなさんよくご存知だと思います。図6-7のような形をしており、ツマミを回して電流を増減し電圧を変化させます。今回の回路では左右の端子に電流を流し、抵抗の変化を中央の端子から取り出します。

図6-7 10kΩの可変抵抗器（ボリューム）。溝のあるシャフトを回すと抵抗値が変るので、ここに自作の目盛り板をはめてから、ツマミを挿入すると使いやすくなる。シャフトは直径6.5mm程度で根元にネジが切ってあり、付属のナットで締め付けて取り付ける。

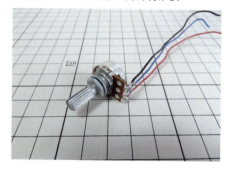

　実験で使用したのは10kΩの小型ボリュームです。ブレッドボードでも使えるよう、3本のコードに不要になった部品の足をはんだ付けしてピン付きにしました。

　配線は、ボリュームの中央の端子をArduinoのA0ピンに、残りを5VピンとGNDピンにさします。これでボリュームの値が読めるようになります。

　次にArduinoとトランジスタアレイを配線し、仕様書を参考にしながらステッピングモーターともつなぎます。電源は5VのスイッチングACアダプターです。

　スケッチを書き込んで電源を入れると、ステッピングモーターのシャフトがぐるぐると回り始め、しばらくして止まると思います。次に、ボリュームのツマミをほんの少しだけ時計回りに回すと、同じ方向に回り出し、しばらくして止まります。

　今度は反時計回りにほんの少しだけ回すと、やはり同じ方向に回り出し、しばらくして止まります。ボリュームを回しすぎると、なかなか止まりません。

　前述したように、このときトランジスタアレイは発熱しています。もしも指で触れないほど熱くなりそうだったら、すぐにステッピングモーターの電源を切ります。

　この実験でボリュームを回した方向に、ステッピングモーターを回転させることができました。ただ、これだけではターンテーブルに使えません。

　そこで、トランジスタアレイの発熱を最小限にとどめながら、このスケッ

143

配線してみよう

図6-8 Arduinoにボリュームを取り付ける。

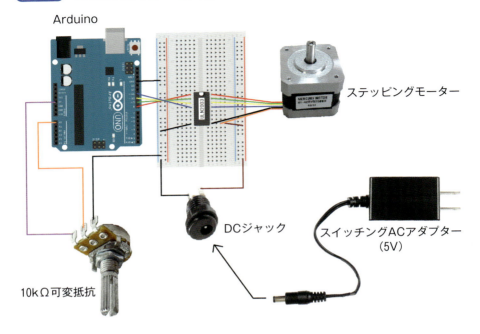

　チをターンテーブルに使えないか考えてみました。
　発熱の原因は、ステッピングモーターが止まっている間もトランジスタアレイにArduinoからデジタル信号を送り続けているからです。ステッピングモーターとトランジスタアレイも、それに応えて発熱しているのです。
　ということは、停めたい位置まで回転させたらトランジスタアレイと、ステッピングモーターに送る電流を切ってしまえば発熱を抑えられます。それに、電流を流すといってもターンテーブルを1回転させる、ほんのわずかの間です。これなら、ほとんど発熱させずにトランジスタアレイを使うことができそうです。

Part **6** ターンテーブルを動かそう

アナログ値でステッピングモーターの動きを知る

ボリュームとステッピングモーターの関係を知るには、ボリュームの値がどのような数字となってArduinoに読み込まれ、それによりステッピングモーターがどう動くのかを見ればわかります。

「値の変化を見る」というと、何かを思い出しませんか？　そうなんです、Part.2では光センサーの値の変化をパソコンのシリアルモニタで見ました。これと同じスケッチを使えば、値の変化を見ることができます。

もう一度、Part.2のリスト2－7をリスト6－3として掲載するので、見てください。ここから選ぶ言葉は次の4つだけです。①Serial.begin(9600);と、②int analogValue＝analogRead(analogpin);と、③Serial.println(analogValue);それに④delay(1);です。

このうち②のint analogValue＝analogRead(analogpin);に注目してください。この文字列の中にあるanalogRead(analogpin)の

(analogpin)とは、A0ピンのことです。つまり、この部分は、analogRead(A0)に書き換えられます。するとint analogValue＝analogRead(A0);になります。

さらに、Serial.println(analogValue);に注目します。このなかの(analogValue)はanalogRead(A0)のことですから、これも書き換えることができます。

全部書き換えると、Serial.println(analogRead(A0));と1行になり、スッキリします。

また、delayは数値を読み取りやすくするため、delay(1)をdelay(100)にしました。p.61も参照してください。

この行をコピペして一部書き換えれば終わりです。スケッチでは製品の仕様に合わせてステップ数と、回転スピードも変えました。スケッチはリスト6－4の通りです。アミかけしたところが、追加と書き換えた部分です。

リスト6－3

```
const int analogPin = A0;
const int ledPin = 13;


const int threshold = 250;
```

アナログピンは、A0に設定

ledピン（LEDに電流を送るピン）は、13番ピンに設定

シキイチは、250

145

アナログ値でステッピングモーターの動きを知る

```
void setup( ) {
  pinMode(ledPin, OUTPUT);
Serial.begin(9600);
}


void loop( ) {
  int analogValue =
  analogRead(analogPin);
  if (analogValue < threshold) {


    digitalWrite(ledPin, HIGH);


  }
  else {



    digitalWrite(ledPin,LOW);
  }
  Serial.println(analogValue);

  delay(1);
}
```

スケッチが動くように準備しろ

led ピンに電流が流れるようにしろ

パソコンと通信しなさい

次の仕事を繰り返せ

アナログ値をアナログピン（A0）から読み取れ

もしも、アナグロ値がシキイチより小さければ次のことをしろ

led ピン（13番ピン）から電流を流せ

そうでなければ（アナログ値がシキイチより大きければ）次のことをしろ

led ピン（13番ピン）から電流を流すな

（光センサーから）読み取ったセンサーの値を表示しろ

表示するのは 1 mm 秒ごとだ

リスト 6 − 4

```
#include <Stepper.h>
#define STEPS 200
Stepper stepper(STEPS, 8, 9, 10,
11);
int previous = 0;

void setup( )
```

➡ステップ数は100から200に変更しています。

```
{
  Serial.begin(9600);
  stepper.setSpeed(5);
}

void loop( )
{
  Serial. println(analogRead(A0));
  delay(100);
  int val = analogRead(0);
  stepper.step(val - previous);
  previous = val;
}
```

➡スピードは30回転/分から5回転/分に変更しています。

次に、ステッピングモーターの電源にプッシュスイッチを付けます。これでボタンを押している間だけトランジスタアレイと、ステッピングモーターに電流を流せるようになります。

図6-9 各種のプッシュスイッチ。いずれも押している間だけONになって電流が流れる。大きさや形もさまざまで、好きなタイプが選べる。ただし、ブレッドボードに直接取り付けて使用する場合は、差し込みピン形状になっているものを選ぶ。

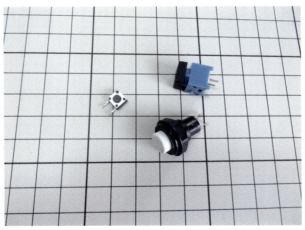

アナログ値でステッピングモーターの動きを知る

図6-10 ターンテーブルの回路。回転方向にボリュームを回してからプッシュスイッチを押すと、ステッピングモーターが回転する。使う部品はACアダプターとArduinoを除けば、わずか5つ。回路も可変抵抗器とArduino、トランジスタアレイとステッピングモーターをつなぐだけ。

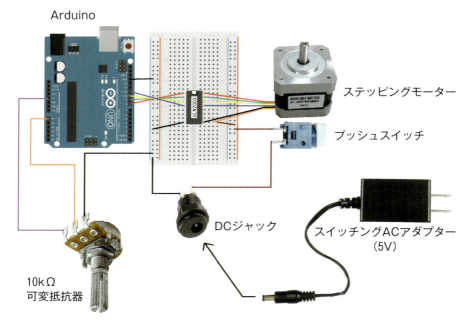

　さっそくシリアルモニタを開いて見てみましょう。画面の開き方はPart.2の図2-3の通りで、 をクリックします。しばらくはそのままですが、やがて、数字がシリアルモニタに流れ出します。この数字がA0ピンに送られている値です。

　ボリュームをゆっくり回してみましょう。時計回りに回すと数字が増え、反時計回にすると減ります。速く回しすぎると表示されるまで少し時間がかかります。では、回し切ると数字はどのぐらい変わるのでしょうか。

　時計回りと、反時計回りにそれぞれ目いっぱいに回してみます。すると、時計回りだと0、反時計回りだと1023になりました。ということは、Arduinoはボリュームから0～1023までの値を読み込んでいることになります。

　では、ステッピングモーターの回転方向と値の関係はどうなのでしょうか。ためしに、0～1023の真ん中になる511にボリュームを合わせ、時計回り、反時計回りに回してみます。するとステッピングモーターも同じ方向に回ります。

　つまり、511を中心にすればボリュームの操作でステッピングモーターを等分に右回転、左回転させられることになります。

Part 6　ターンテーブルを動かそう

そこで、制御方法をこう考えてみました。まず、シリアルモニタをみながらボリュームをゆっくり回して511の数字を出し、そこの位置にツマミの中心を合わせたら、制御パネルに印を付けます。そして、511から時計回りと、反時計回りにボリュームを回し切った0と1023に当たる位置にも仮の印を付けます。

次に、シリアルモニタを見ながらツマミを再び511の中心に戻し、時計回りの0までツマミを回してから、プッシュスイッチを押し、ステッピングモーターが何回転するか確認します。

200ステップのステッピングモーターなので、511から0まで回すと、だいたい2回転半で止まります。同じように反時計回りでも2回転半することを確かめます。ターンテーブルは1回転すればいいので、今度はその半分ぐらいのところに時計回り、反時計回りとも目盛りの印を正式に付けます。

ちなみに、この数値はピッタリでなくても問題ありません。数字の前後を含め、おおよそでだいじょうぶです。

図6−11 ターンテーブルの制御装置。回転させたい方にツマミを回して元に戻し、止めたい位置までプッシュスイッチを押す。

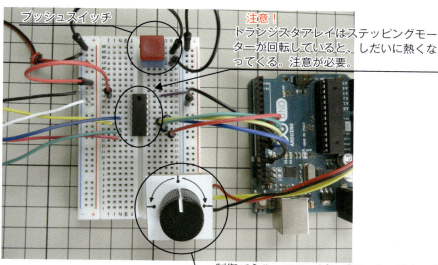

プッシュスイッチ

注意！
トランジスタアレイはステッピングモーターが回転していると、しだいに熱くなってくる。注意が必要。

制御パネル。ステッピングモーターはツマミを右に回せば右回転、左に回せば左回転する。目盛りまで回して、一度戻し、それからプッシュスイッチを停車位置まで押す。

運転方法はこうです。まずツマミを回転させたい方向の目盛りまでゆっくり回してから一度止め、再び中心まで戻します。次にプッシュスイッチを指

アナログ値でステッピングモーターの動きを知る

で押します。ステッピングモーターが回りはじめるので、プレートガーターを止めたい位置まできたらプッシュスイッチから指を離します。

そして、プレートガーターに車両を乗せたら、再び回転させたい方向の目盛りまでツマミを回して、すぐに中心まで戻し、同じようにプッシュボタンを押して動かします。

ツマミをすぐに中心まで戻すのは、読み込んだボリュームの値を早く中心位置の511まで戻したいからです。

このスケッチは、プッシュスイッチを押している時間と関係なく、ボリュームから読み込んだ値までステッピングモーターを回す指示を出しています。このため、プッシュスイッチを押す間隔が短いと、読み込んだ値までの回転がまだ終わっていない場合があります。

何秒ぐらいで終わり、何秒ぐらいで元に戻るのか、実際に動かしながら確認してください。ツマミをどこまで回すかでも、この時間は変わりますし、プッシュスイッチを押すタイミングでも変わります。

操作しづらいようにも思えますが、転車台のプレートガーターは後述するように指定の位置で止めたら、鎖錠装置をかけてレールを固定し、前進・後進のスイッチを切り替えなければなりません。それぞれを確認しながら行うので、転車作業にかなりの時間が必要となり、プッシュスイッチを押すタイミングは、ほとんど気になりませんでした。

なお、ArduinoにUSBをつなぐ（電源を入れる）とステッピングモーターは一度回転するので、電源を入れてすぐにボタンを押すと動いてしまいます。

図6-12　回転させる方向に可変抵抗器を回し、停めたい位置までプッシュスイッチを押す。

Nゲージで
ターンテーブルをつくる

製作スタート！

　それでは、実際につくってみましょう。ターンテーブルは蒸気機関車の走るレイアウトならぜひ欲しいアクセサリーの1つですが、現存しているのはごくわずかです。なかなか現物にはお目にかかれません。おおまかな構造は、円柱状に掘り下げられたピットの中心に、蒸気機関車を乗せて回転するプレートガーターが取り付けられています。

図6-13　転車台のピットは、直径135mmにくりぬいた厚さ0.7mmの白ボール紙を7枚重ね、約5mmの深さにした。白ボール紙は、裏と表を交互に合わせるように接着すると、乾燥したときの反りを抑えられる。

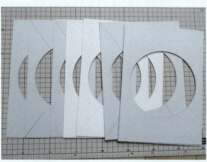

図6-14　ピットのベースはMDFボードを使用した。ベースのサイズは長さ240mm×幅170mm。プレートガーターに＋と－の電気を送るため、直径1mmの真鍮線を円形に曲げ、コードをはんだ付けしてからMDFボードに接着し、またピットの中心にはリン青銅板を長さ25mmの正方形に切ってコード取り付け、同じように接着した。

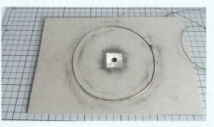

図6-15　ステッピングモーターのシャフトに取り付けるストッパー。正方形の部分は厚さ6mm。中央にシャフトを通す直径6mmの穴を開け、横から突き出た直径2mmのビスで締め付ける。正方形の部分は、厚さ1mmのプラバンを15mm×15mmのサイズで6枚切り出して接着した。

図6-16　ストッパー上部の2本のピンを転車台のプレートガーターの底に差し込む。上部は内径6mmのプラパイプに、外径6mmのプラ棒をはめ、ピンになる直径1mmの真鍮線を埋め込み接着した。プラパイプの高さは、ステッピングモーター上部から55mm。

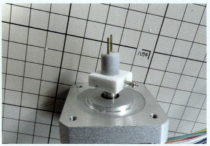

Nゲージでターンテーブルをつくる

　ターンテーブルの種類はプレートガーターの位置によって上路式と、下路式に分かれており、作例では下路式を採用しました。図面はインターネットを駆使して探しましたが、一般的なターンテーブルの直径は20mです。これを80分の1や、150分の1に縮小して、写真などからピットの深さを想像すれば、"らしく"つくることもできそうです。とくにプレートガーターは、鉄橋と基本的に同じ構造ですから、ここから図面を起こす方法もありそうです。

　つくったのはNゲージのターンテーブルです。製作には3つのポイントがありました。1つは、ピットの中心位置の出し方、2つ目はプレートガーターの集電方法、3つ目は鎖錠方法です。

図6－17　MFDボードのベースに白ボール紙のピットを接着。中央下部にはステッピングモーターが入る深さ50mmの食品トレー（樹脂製）を取り付けた。ピットの中心から2本のピンの突き出たストッパーがのぞいている。写真手前がブレッドボードに回路を組んだ制御装置とArduino。

図6－18　プレートガーターの下側部分。厚さ1mmのプラバンを幅27mm×長さ130mmに切り出し、1mm×3mm×1mmのプラ製チャネルを等間隔に接着した。チャネルは中央部分で向かい合うように左右で向きが逆になっている。引き出した4本のコードは、ピットから集電した電気を線路に流すためのもの。

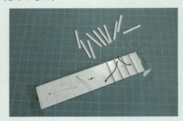

図6－19　チャネルの上に厚さ0.5mm幅4mmのプラバンを敷き、その上にフレキシブルレールを接着したあとコードをレールにハンダづけする。レールの長さは、ステッピングモーターに取り付け実際に回転させて、ピットを擦らないギリギリの長さにする。

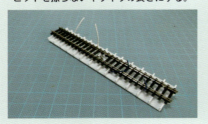

図6－20　プレートガーターの裏側。リン青銅板製の集電ブラシを4つ接着した。先端にある集電ブラシはピットに接触しないよう、位置を実測で決めた。プレートガーターは給電用の真鍮線などがあるため、ベースと間が約1mmあいている。

このうちピットの中心位置は正確に決めないと、プレートガーターが回転するときにピットのへりと接触してしまいます。また、プレートガーターと引き込み線は互いに絶縁されているので、集電が必須になります。そして鎖錠装置はプレートガーターと、引き込み線の間のレールのズレを補正するために必要です。

作例のピットは直径135mm、深さ約5mmで、正確な円を出すため白ボール紙を円専用のカッターで切り抜き、7枚重ねて厚みを出しました。加工しやすいMDFボードを糸鋸で切り抜く方法もありますが、切り口に不安が残るのでペーパー製にしました。

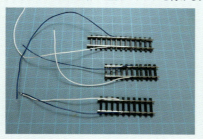

図6-21 転車台につながる引き込み線路もそれぞれに配線する。注意したいのはプレートガーターと、引き込み線レールの＋－を同じにすること。反転すると線路がショートして機関車は立ち往生してしまうので、プレートガーター側の配線に逆転スイッチを付ける。

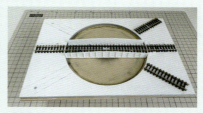

図6-22 ピットにプレートガーターと、引き込み線を取り付ける。線路の位置はあらかじめ書き込んでおくが、接着前に一度に回転させて、互いの線路のズレない位置を探し、最終的に決める。引き込み線のコードを通す穴は、このあとであける。プレートガーターの側板はセロテープで仮り留めしてピットにあたらないか確認する。

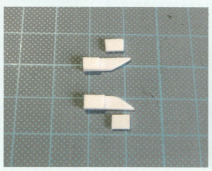

図6-23 厚さ1mmのプラバンでつくった手動式の鎖錠装置。大きさは幅5mm×長さ15mm。先端を斜めにすることで、押し込んだときに枕木を押しやすくした。

図6-24 鎖錠装置。左右どちらかをプレートガーター側に押し込み、両方のレールをピッタリの位置で固定する。やや目立つのが難点。ステッピングモーターを正確に止められないと、プレートガーターと引き込み線が1mm程度ずれることもあるので、取り付けは必須。

鎖錠装置

| Nゲージでターンテーブルをつくる

　ピットのベースはMDFボードを利用し、表面に切り抜いた白ボール紙で円をなぞり、それを正方形で囲い、対角線から中心を割り出し、ドリルの刃で直径を少しずつ大きくしながら、ステッピングモーターのシャフトの通る穴をあけました。

　プレートガーターの集電方法は、機関車が乗ったときの重量バランスを考え、ピットの下にある円周軌道（レール）と、ピットの中心部分を利用しました。円周軌道はレールでなく直径1mmの真鍮線を円状に曲げ、ピットの中心には正方形のリン青銅板を取り付けて配線しました。ピットにのせるプレートガーターの底に集電ブラシを付け、互いに接触させて集電します。

　なお、プレートガーターの＋と－は回転しても変わらないので、反転（180度）すると、向かい合う引き込み線のレールと＋－が逆になり、機関車は立

図6－25　プレートガーターに集電ヤグラを付ける。ここは強度をあまり必要としないので、加工しやすい厚さ0.3mmのプラバンを使い、1.2mm×1.2mmのプラ製アングルで周囲を囲った。内側も同じように囲うとさらに実感的になる。

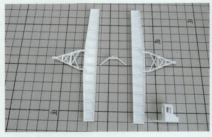

図6－26　組み立てて塗装したプレートガーター。集電ヤグラと牽引車で"らしく"見える。

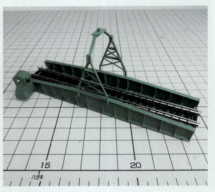

図6－27　ステッピングモーターのシャフトにプレートガーターをはめ、集電を確認しながらピットに取り付ければ完成。

図6－28　20m級のターンテーブルなので、プレートガーターに蒸気機関車が乗るとピタリと収まる。

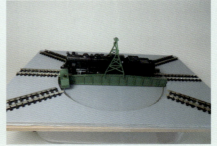

Part **6** ターンテーブルを動かそう

ち往生してしまいます。引き込み線と180度以内の回転で機関車を振り分けるのなら問題ないのですが、前後の向きを変えようとするならプレートガーターの配線に＋と－を切り替えるスイッチを付けなければなりません。

また、何かのはずみで引き込み線とレールが1～2mm程度ずれることや、機関車の振動で接続部分が動いてしまうことも考えられます。

そこで、互いのレールをがっちり接続させる鎖錠装置が必要になります。作例では、リアリティより扱いやすさを考え、プラバンでクサビ形状の比較的な大きな装置を付けてみました。線路際がやや目立つものの、指で鎖錠装置をスライドさせるので、操作性はいいようです。

なお、ステッピングモーターのシャフトにプレートガーターを取り付けるには専用のストッパーが必要です。市販品も少なく価格もそれなりなので、試行錯誤の結果、手元にあるプラバンとプラ棒、プラパイプとネジを組み合わせてみました。

ただ、ステッピングモーターは振動するため、ネジ止めだけでは不十分でした。そこで2本の真鍮線をストッパーの上部から出し、フォークのように串刺しにしてプレートガーターを固定しています。

冒頭で触れたように、ステッピングモーターの欠点の1つは、鉄道模型で使うDCモーターよりサイズが大きいことです。このためピットの下に専用スペースを設けなければならず、100円均一の店で食品トレーを購入し、ピットの下にシャフトの長さを計算しながら取り付けました。

ターンテーブルの制御方法には、光センサーをピットに取り付けて、プレートガーターを自動停止する方法もあります。興味のある方は、ぜひ電子工作の本を読んでみてください。

155

Part 7

自動運転を
してみよう

Arduinoをパワーパックにしてみよう

鉄道模型の運転でいまひとつ満足できないのが、停車中にヘッドライトが消灯してしまうことではないでしょうか。

苦労してチップLEDを組み込んでも、ホームに停まるとヘッドライトまで一緒に消灯するのでは、どこか報われない気持ちになってしまいます。

これはパワーパックで電圧を下げると、モーターといっしょにチップLEDに送る電流もストップしてしまうからです。

じつは、そんな悩みを解決してくれかもしれないのが、Arduinoを鉄道模型のコントローラーに利用する方法です。パワーパックの電圧制御をArduinoのPWM制御に切り替え、モーターの動かない状態でチップLEDを点灯させるのです。

PWM制御の"PWM"とは専門用語で「パルス幅変調」という意味です。パルス幅変調は、パワーパックと違いデジタルという歯車の歯のようなデコボコした波形で電流を送ります。

デジタルは、デコボコ形状の山の部分がHIGH（出力）、谷の部分がLOW（0V）になっており、この山と谷を高速の周期で送ります。DCモーターの回転スピードを制御する際は、この山と谷の幅を変化させます。たとえば、山が5Vだったとします。谷になる0Vの幅が5Vの山よりも長ければ、DCモーターには5Vより0Vの方が多く送られることになり、回転スピードは落ちます。これとは正反対に、山の幅を長くすれば5Vをより多く送れるようになるので、回転スピードは上がります。

ということは、DCモーターが回転する直前の山と谷の幅でLEDを点灯させられれば、停車中でもヘッドライトやテールライトは消灯しません。さらにPWM制御なら、低電圧によるモーターの力不足や、集電不良なども改善します。つまり、鉄道模型の苦手な低速走行も比較的安定させられるのです。

ただし、Arduinoを利用したPWM制御には問題点もあります。その1つが音です。PWM制御では、特有の「キーン」という独特のノイズがモーターから出ます。実際の車両でもインバーター制御の電車は同じような音を出しますから、実感的といえるかもしれませんが、ディーゼル機関車も気動車も同じように音を出してしまうのは気になるところです。

また、もう1つ大きな問題があります。それはヘッドライトを点灯させて走行させると、反対側のヘッドライトもチラつきながら、わずかに点灯してしまうことです。

Part 7　自動運転をしてみよう

　これをなくすには、後述するように車両側にコンデンサと、カーボン抵抗を入れなければなりません。そうなると、取り付けるスペースも必要ですし、ちょっと面倒くさい作業になります。

　ところで、ArduinoのPWM制御はなんでパワーパックと同じように12Vをコントロールできるのでしょうか。じつは、作例のPWM制御はArduinoから直接レールに電流を送るのではなく、別に用意した12Vの電源から供給する仕組みになっています。

　Part.6で取り上げたステッピングモーターを思い出してください。このときもステッピングモーターの消費電流が大きいため、Arduinoから駆動用

図7－1　モータードライバ TB6643KQ

図7－2　電解コンデンサ（10μF）

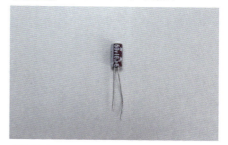

図7－3　積層セラミックコンデンサ（0.1μF）

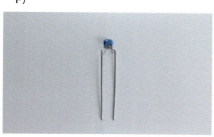

図7－4　可変抵抗器（10kΩ）

図7－5　ON／OFF／ONタイプの逆転スイッチ

図7－6　整流ダイオード（1A）

159

の電流を直接送るのではなく、トランジスタアレイという電子部品を使い、別の電源から電流を供給しました。

今回は、モータードライバという電子部品を使います。これも同じようにArduinoの出力するデジタル信号に応じて、モータードライバが別の電源からモーターに電流を送ります。モータードライバは、消費電流の大きいDCモーターや、ポイントマシンなどを動かすときに必ず使うので、覚えておくと便利です。

モータードライバは、用途に応じていろいろな種類が市販されています。価格もさまざまですが、今回はその中からコンパクトで配線しやすいTB6643KQというモータードライバを選びました。ピンの数が少ないので使いやすいと思います。価格は1個300円ぐらいです。

図7-7 モータードライバTB6643KQの各ピンの働き。

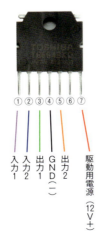

①②③④⑤⑥⑦
入力1／入力2／GND(−)／出力1／出力2／駆動用電源(12V±)

モータードライバは、Arduinoの2つのピンからHIGHとLOWの組み合わせを送り、DCモーターを停止、正転、逆転させます。たとえば、TB6643KQの場合、LOWとHIGHの組み合わせで正転。それとは反対にHIGHとLOWで逆転。そしてLOWとLOWの組みあわせなら、停止します。さらに、スピードも変えることができます。

最初に紹介するPWM制御のコントローラーは、市販のパワーパックと同じように、ボリュームでスピード調整を行い、前進・停止・後進を逆転スイッチで行います。

使用するパーツは12Vの電源を含めて8個ほどで、全部買い集めても1000円ちょっとです。購入するのは①モータードライバTB6643KQ、②10μFの電解コンデンサ、③0.1μFの積層セラミックコンデンサ、④10kΩの可変抵抗器（ボリューム）、⑤逆転スイッチ、⑥1Aの整流ダイオード、⑦DCジャック、⑧12Vのスイッチング ACアダプターです。

まず、TB6643KQの7つのピンの役割について説明します。品番名の印刷された方が表で、図7-7のようにピン番号は左から1、2、3〜と数えます。このうち1番と2番のピンが入力用で、Arduinoの11番ピンと10番ピンに、それぞれつながります。

レールに12Vを流すのは3番と5番の出力ピンです。駆動用電源の12VはスイッチングACアダプターを使いま

す。なお、ArduinoにはPWM制御できないピンもあるので注意しましょう。

PMW制御回路は大きく3つに分けられています。1つは、ボリュームの値をArduinoに読み込ませる回路。2つ目は、Arduinoからモータードライバに指示を送る回路。3つ目はモータードライバから12Vをレールに送る回路です。

さっそく回路をブレッドボードに組んでみましょう。ボリュームは、3つある端子のうち、中央をArduinoのA0に、両端をそれぞれ5VとGNDにつなげます。ツマミを回すと抵抗値が変るので、それをArduinoが読み込み、モータードライバの出力する12VをPWM制御します。

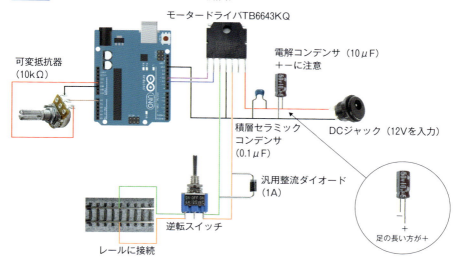

図7-8 PWM制御のコントローラーの回路図。

ボリュームの値の変化を読み込むスケッチは、これまでのPartでもできてきました。

リスト7-1がスケッチです。11番ピンがLOWで、10番ピンが出力するのでHIGHになっています。

リスト7-1

```
void setup( ) {
  pinMode(10,OUTPUT);
  pinMode(11,OUTPUT);
}
```

Arduino をパワーパックにしてみよう

```
void loop( ) {
  int vol=analogRead(A0)/4;
  analogWrite(10,vol);
  digitalWrite(11,LOW);
  delay(50);
}
```

　わずか10行です。Part.1の交通信号
機のスケッチを利用できるので、Part.1
で紹介したスケッチ（リスト１－９）
をコピぺして、不要な行を削除したあ
と、数字と文字の一部を加えれば完成
です。

　このスケッチで、キモになるのはア
ミかけしたところです。交通信号機に
この部分はないので、新たに文字を入
力しなければなりません。追加した言
葉はだいたい、リスト７－２のような
イメージです。

リスト７－２

```
int vol=analogRead(A0)/4;

analogWrite(10,vol);
```

vol（出力する値）は、A0ピンから
読み取った値を、４で割った値

10番ピンから、vol を出力しろ

　１行目の、analogRead(A0) は、
A0ピンで値を読み取れという意味で
す。Part.2では光センサーを使うスケ
ッチで、センサーの値を読み込むとき
に、同じ言葉を使いました。

　analogRead(A0) の次にある／4；
は、÷４の意味で、つまり「/」は
「÷」のことで、「A0ピンの値÷４」
となります。

　なぜ４で割るのでしょうか。じつ
は、大変ややこしい話なのですが、ボ
リュームを回して analogRead で読
み込んでいる値は、Part.6で紹介した
ように０～1023という数字に置き換え
られています。ところが、これに基づ

いて出力する analogWrite の方は０
～255までしか値がありません。した
がって、出力するには０～1023の値を
一度０～255に直さなければなりませ
ん。そこで４で割る必要があるので
す。

　つまり、10kΩのボリュームを回す
と Arduino はそれを０から1023まで
の値に置き換えます。次に、読み込ん
だ値を４で割って０から255に置き換
え、これを出力することになるわけで
す。

　さっそく車両を走らせてみましょ
う。スイッチを ON にして、ゆっく
りとボリュームのツマミを回していく

Part ❼ 自動運転をしてみよう

と、しだいに PWM 制御特有の「キーン」という音が大きくなり、停車中の車両のヘッドライトが点灯すると思います。さらにツマミを回すと走り出し、徐々にスピードをあげていくはずです。

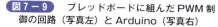
図7-9　ブレッドボードに組んだ PWM 制御の回路（写真左）と Arduino（写真右）

図7-10　発車直前の状態。写真左のアナログ制御のコントローラーだと、ヘッドライトは点灯しない。PWM 制御ならヘッドライトが点灯するので、停車中のボリュームをこの位置に合わせればいい（写真右）。

　ところで、前述したように製品によっては反対側のヘッドライトも、チラチラと点滅するように不安定につきます。チップ LED で自作したヘッドライトなら、まず間違いなくチラつきます。

　そこで、チラつき防止のために車両側にも、コンデンサと抵抗を取り付けなければなりません。条件により変わってきますが、作例の場合は、①小信号高速スイッチング・ダイオード、② CRD（定電流ダイオード）、③ 1 μF のセラミックコンデンサ、④ 20kΩ のカーボン抵抗を取り付けました。

163

Arduino をパワーパックにしてみよう

図7-11　両方のヘッドライトに、コンデンサとカーボン抵抗を取り付け、チラつきを防止した。

図7-12　車両に取り付ける部品。カーボン抵抗の2本の足にセラミックコンデンサを抱き合わせるようにはんだ付けしている。写真右下から汎用小信号高速スイッチング・ダイオードとCRD（上）、カーボン抵抗（中央）、セラミックコンデンサ（左）。左側がLEDの＋－、右側に電源の＋－をつなげる。

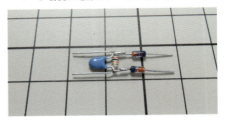

コラム　VVVFインバータ

　実際の車両でもPWMはモーター制御に使われています。鉄道車両で一般に利用しているモーターは、三相誘導モーターと呼ばれるもので、交流で回転します。しかし、全国の大半の鉄道は直流電車を使用しており、架線から集電した直流を交流に変換してモーターを回転させなければなりません。この直流を交流に変換するための装置がインバータです。

　インバータ装置は、電気的なスイッチとなる半導体を高速でON/OFFさせて直流を交流に変換します。VVVFインバータは、出力される交流の電圧制御をPWMで行っており、半導体がONしている割合（パルス幅）で電圧を制御します。

　この三相誘導モーターに電流を流すさいに音が発生するので、かつては「ドレミ」の音を発生させて、あたかも電車が歌いながら発車するようなインバータ装置もありました。

図7-13　バリアフリー対策にも配慮した京浜急行電鉄の2100形。VVVF制御方式を採用している。

Part❼ 自動運転をしてみよう

自動運転にチャレンジ

鉄道模型の楽しさはなんといっても、コントローラーを握りしめ、ポイントを切り替えながら、思い通りに車両を走らせることではないでしょうか。ただ、シーナリィーを細密につくり込んでしまうと、運転席以外からもレイアウト全体を眺めたくなります。また、インテリアの1つとしてつくったレイアウトセクションなら、何もせず走る車両だけ眺めていたいこともあります。

こんなときに便利なのが Arduino を使った鉄道模型の自動運転です。自動運転というと難しく考えてしまうかもしれませんが、じつは前進・後進、停止、ポイント切り替えまで簡単なスケッチで動かすことができます。それも、Part.1でつくった LED を点滅させるスケッチに少し手を加えるだけでいいんです。

スケッチの書き方しだいでは、複数の車両をダイヤグラム通りに走らせることもできそうです。ここでは自動運転の基本になる単線の往復運転と、そ

こにポイント組み込んだ切り替え運転を行ってみました。

回路も新しくつくるのではなく、前述の PWM 制御コントローラーから不要なパーツを取り外して使います。取り外すのは逆転スイッチ、整流ダイード、ボリュームです。これらの部品が残っていると不具合の原因にもなるので、必ず取り外しましょう。

往復運転もモータードライバで車両の前進、後進、停止、ポイント切り替えを行います。図7－14が自動運転の回路図です。ただし、この回路は車両の前後のヘッドライトを点灯させてしまうこともあります。

自動運転の作例は、HO ナローの蒸気機関車が渦巻状に配置された線路の上を、行ったり来たりするもので、貨物置場から運材車を押しながら貨物ホームまで前進すると、数秒間とどまり、再び推進運転で貨物置場まで戻ってきます。

リスト7－3がそのスケッチです。

165

自動運転にチャレンジ

図7-14 自動運転の回路。PWM制御のコントローラーから、必要のない部品を取りのぞけば完成。

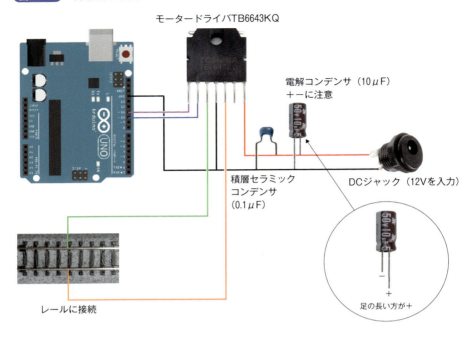

リスト7-3

```
void setup( ) {
  pinMode(10,OUTPUT);
  pinMode(11,OUTPUT);
}
void loop( ) {
  analogWrite(10,200);      // 10番ピンから200を出力しろ (HIGH)
  digitalWrite(11,LOW);     // 11番ピンは LOW
  delay(19000);             // 19秒間そのままの状態

  analogWrite(10,LOW);      // 10番ピン LOW
  digitalWrite(11,LOW);     // 11番ピン LOW
  delay(5000);              // 5秒間そのままの状態

  analogWrite(11,200);      // 11番ピンから200を出力しろ (HIGH)
```

Part **7** 自動運転をしてみよう

```
    digitalWrite(10,LOW);
    delay(19000);


    analogWrite(11,LOW);
    digitalWrite(10,LOW);
    delay(5000);
}
```

| 10番ピン LOW |
| 19秒間そのままの状態 |

| 11番ピン LOW |
| 10番ピン LOW |
| ５秒間そのままの状態 |

　PWM 制御のコントローラーのスケッチと比べてみてください。ボリュームを読み込む部分を除けば、ほとんど同じ言葉を使っています。コピペして数行増やし、数字を書き換えればできてしまいます。

　蒸気機関車の前進、後進、停止は、モータードライバ TB6643KQ で行います。これは前述したように、２つある入力ピンのうち、LOW と HIGH を組みあわせて前進（正転）、後進（逆転）を指示し、LOW と LOW なら停止します。

　２つの入力ピンは Arduino の11番と10番なので、11番が LOW で10番がHIGHなら前進し、その反対なら後進、両方とも LOW なら停止になります。

　次に、アミかけした analogWrite(10,200); を見てください。PWM 制御のコントローラーのときは、ここがanalogWrite(10,vol); になっていました。それが「vol」が「200」に変わっています。この vol に変る数字がスピードです。なお、analogWrite となっているのはアナログ出力をするためです。digitalWrite とは違うので、間違わないようにしましょう。

　ボリュームでコントロールするときは、この「vol」がボリュームの変化に応じた数字になっていました。しかし、回路からボリュームを取り外しているので、０～255の数字のなかから、走らせたい数値を選ばなければなりません。作例は蒸気機関車のギア比が高かったので「200」を入れてみました。車両によってこの数字はかなり違うので、実験しながら決めてください。

　さて、スケッチは19秒前進したら、５秒停止し、19秒後進して、５秒停止を繰り返すように書かれています。一度エンドレスに線路を組んで走らせてみると、その動きがわかると思います。

　ところで、往復運転を繰り返していくうちに、だんだん車両の停止位置がずれてくるのではないでしょうか。これは、レールや車両の集電状態がその時々で変わり、走行に影響するためです。エンドレスで走らせるなら問題ないかもしれませんが、直線だと線路の外に飛び出してしまうことも考えられます。

　そこで、自動運転でキモになるのが停止位置です。決められた位置で停止し、そこから前進・後進できれば、思

167

自動運転にチャレンジ

い通りに動かせます。光センサーなどを利用して制御する方法もありますが、ここでは整流ダイオードを使って電流を遮断し、強制的にストップさせる仕組みにしました。

ご存知の方も多いと思いますが、ダイオードは電流を一方向にしか流しません。つまり、2本あるレールのうちの1本を絶縁し、そこにダイオードを取り付ければ、進行させたい方向にだけ電流を流せます。

図7-15 整流ダイオードは帯で電流の流れる方向を示している。写真だと右から左に電気が流れ、反対方向には流れない。

図7-16 絶縁ジョイントを取り付け、それを跨ぐように整流ダイオードをレールにはんだ付けする。

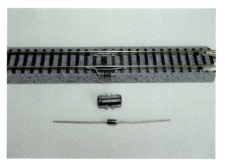

たとえば線路の末端に、後進のときだけ電流が流れるようダイオードを取り付けておけば、前進してきた車両はそこでストップします。そして、レールの＋と－を入れ替えると電流が流れて後進をはじめます。この方法なら、車両の停止位置を確実に決められます。

あとは、モータードライバにHIGHとLOWを送るだけです。走行時間のコントロールはスケッチの流れを止めるdelay(　);で行います。

まず、走行区間の時間を測り、その時間に少し余裕を持たせてdelay(　);のカッコの中の数値を決めていきます。

作例では、線路の末端にあたる貨物置場から貨物ホームまで17秒程度で走行しました。そこで、これに2秒ゆとりを持たせてスケッチはdelay(19000);とし、19秒を前進と後進の時間に設定しました。このため走行状態によっては、5秒の停止時間が6〜7秒になることもありますが、眺めているとたいして気になりません。

168

Part 7 自動運転をしてみよう

図7-17 手前の貨物置場から約11秒間前進して、貨物ホームに到着し5～7秒間停止したのち、バックで再び貨物置場に戻る。電源を切るまでこれを繰り返す。渦巻状線路の両方端は、蒸気機関車と運材車の長さを考慮して、整流ダイオードで停止位置を決めた。

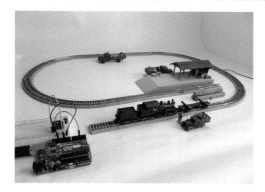

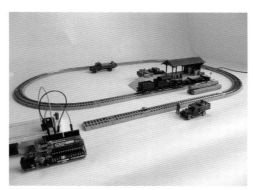

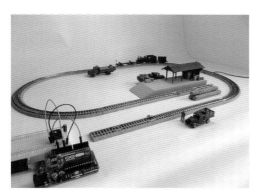

ポイントマシンを付けてみた

　さて、往復運転ができるようになったら、やはり途中にポイントを付けてみたくなります。自動運転は HIGH と LOW の組み合わせで、前進、停止、後進していたわけですから、同じように Arduino のまだ使っていない出力ピンを利用し、今度はポイントマシンに出力すればいいことになります。

　ただし、モータードライバはすでに往復運転で使用しているので、ポイントマシン用のモータードライバを新たに追加しなければなりません。回路は図7−18ですが、往復運転と同じ回路をもう1つ加えるだけです。Arduino 側は5番と6番のピンを使用しました。

　ポイントマシンは車両と同じように12V の＋と−を入れ替えることで、ポイントを切り替えます。したがって、スケッチは往復運転とほとんど変わりません。ただし、長い時間電流を流すとポイントマシンのコイルが焼けてしまうので、出力時間の delay を0.2秒に設定し、delay(200); としました。

図7−18　ポイント用のモータードライバを取り付けた回路。

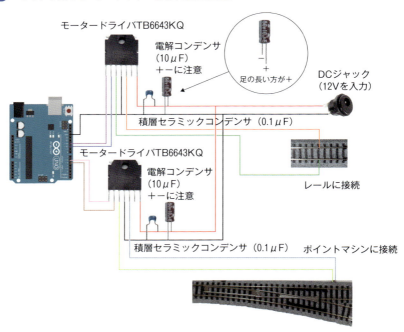

Part **7** 自動運転をしてみよう

　リスト7－4がサンプルとして、つくってみたスケッチです。車両は5秒前進すると2秒停止し、再び5秒の後進で元の位置に戻り、2秒の停止後、今度はポイントが切り替わり、別の線路を同じように走ります。スピードは

On18（48分の1スケール、軌道9mm）の0ナローゲージを想定して、ゆっくり走る70にしました。Nゲージの電気機関車なら70以上は必要です。どのような動きを指示しているのか、// の次に記しました。

リスト7－4

```
void setup( ) {
  pinMode(10,OUTPUT);
  pinMode(11,OUTPUT);
  pinMode(5,OUTPUT);
  pinMode(6,OUTPUT);
}

void loop( ) {
  analogWrite(10,70);
  digitalWrite(11,LOW);
  delay(5000);

  analogWrite(10,LOW);
  digitalWrite(11,LOW);
  delay(2000);

  analogWrite(11,70);
  digitalWrite(10,LOW);
  delay(5000);

  analogWrite(11,LOW);
  digitalWrite(10,LOW);
  delay(2000);

  digitalWrite(5,HIGH);
  digitalWrite(6,LOW);
```

//10と11番ピンは車両の前進、停止、後進を制御

//5と6番ピンはポイントを制御

//5秒、前進

//2秒、停止

//5秒、後進

//2秒、停止

171

ポイントマシンを付けてみた

```
  delay(200);                        // ポイントを内側に切り替え

  digitalWrite(5,LOW);
  digitalWrite(6,LOW);

  analogWrite(10,70);
  digitalWrite(11,LOW);              // 5秒、前進
  delay(5000);

  analogWrite(10,LOW);
  digitalWrite(11,LOW);              // 2秒、停止
  delay(2000);

  analogWrite(11,70);
  digitalWrite(10,LOW);              // 5秒、後進
  delay(5000);

  analogWrite(11,LOW);
  digitalWrite(10,LOW);              // 2秒、停止
  delay(2000);

  digitalWrite(5,LOW);
  digitalWrite(6,HIGH);
  delay(200);
                                     // ポイントを外側に切り替え

  digitalWrite(5,LOW);
  digitalWrite(6,LOW);
}
```

Part ⑦ 自動運転をしてみよう

図7-19 レールの端までの移動に5秒もかからないが、ゆとりをもってdelay(5000);に設定した。車両は前進（推進運転）でレールの端まで進むと2秒間以上停止し、後進で最初の位置まで戻る。再び2秒間以上停止すると、ポイントが切り替わり、前進して側線の端まで進み2秒間以上停止し、後進で元の位置まで戻る。この動きを繰り返す。レールの端にはそれぞれ整流ダイオードが取り付けてあるので、停止位置は変わらない。

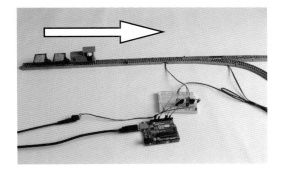

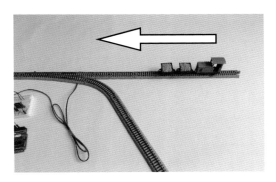

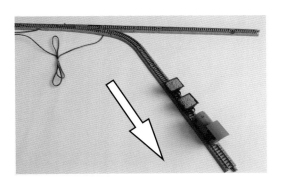

スイッチバックをつくる

製作スタート！ スイッチバックをつくる

　これを参考に、作例として自動運転のスイッチバックをつくってみました。ポイントマシンが2つになるので、モータードライバをもう1つ追加しました。イメージは On18の機関車がトロッコ2両をけん引して坂を登る鉱山鉄道です。

　ベースになる板は反りを少し心配しましたが、表面に塗装しないのを条件に、やはり軽量ということで MDF ボードを使用しました。この上にスイッチバックの坂をつくります。傾斜はあまりきつくせず、地上高0mm から30mm までを行ったり来たりして、登り下りするように考えました。

　まず、2つのポイントを切り替えながら往復運転をするスケッチをつくり、ボードの上で試験運転をしながら、停止位置を決めます。トロッコをけん引するため、前進と後進で機関車の停止位置が変わってきます。したがって、整流ダイオードの向きや取り付ける位置は、実際に動かして確認しながら決めたほうがいいでしょう。

　傾斜は10mm×10mm と、10mm×5mm の角材を積み重ね、高さ30mm、20mm、15mm の柱をつくり、その上に厚さ2mm のスチレンボードを渡して線路をのせてつくりました。次に、実測しながら高さ調整した角材の柱を差し込み、スチレンボードがたわまないようにしました。

　スイッチバックの谷の部分は、草原を表現したシーナリー用のマットを貼り、線路を支える築堤は、傾斜を際立たせるよう石積みを表現しました。

　スイッチバックのスケッチは、ちょっと長いですがリスト7－5の通りです。Arduino 各ピンの HIGH と LOW の動きから、車両の動きがわかると思います。

　ちなみに、このスケッチはもっと短くできます。それは、繰り返して何度も使う言葉をあらかじめ1つの言葉にまとめてしまい、その言葉を使うことでスケッチを簡潔にする方法です。専門的になるので興味のある方は、プログラミング言語（C 言語）の専門書で「関数化」をご覧ください。

Part 7 自動運転をしてみよう

リスト7-5

```
void setup( ) {
  pinMode(10,OUTPUT);
  pinMode(11,OUTPUT);
  pinMode(5,OUTPUT);/
  pinMode(6,OUTPUT);
  pinMode(9,OUTPUT);
  pinMode(3,OUTPUT);
}

void loop( ) {
  analogWrite(10,60);
  digitalWrite(11,LOW);
  delay(5000);

  analogWrite(10,LOW);
  digitalWrite(11,LOW);
  delay(2000);

  digitalWrite(6,LOW);
  digitalWrite(3,LOW);
  digitalWrite(5,HIGH);
  digitalWrite(9,HIGH);
  delay(200);

  digitalWrite(6,LOW);
  digitalWrite(3,LOW);
  digitalWrite(5,LOW);
  digitalWrite(9,LOW);

  analogWrite(11,60);
  digitalWrite(10,LOW);
```

//10と11番ピンは車両の前進、停止、後進を制御

/5と6番ピンはポイントAを制御

//9と3番ピンはポイントBを制御

//5秒、前進

//2秒、停止

//ポイントAを内側に切り替え
//ポイントBを内側に切り替え

//5秒、後進

175

スイッチバックをつくる

```
delay(5000);

analogWrite(11,LOW);          // 2秒、停止
digitalWrite(10,LOW);
delay(2000);

digitalWrite(5,LOW);
digitalWrite(9,LOW);
digitalWrite(6,HIGH);         // ポイントAを外側に切り替え
digitalWrite(3,HIGH);         // ポイントBを外側に切り替え
delay(200);

digitalWrite(5,LOW);
digitalWrite(9,LOW);
digitalWrite(6,LOW);
digitalWrite(3,LOW);

analogWrite(10,60);           // 5秒、前進
digitalWrite(11,LOW);
delay(5000);

analogWrite(10,LOW);          // 2秒、停止
digitalWrite(11,LOW);
delay(2000);

analogWrite(11,60);           // 5秒、後進
digitalWrite(10,LOW);
delay(5000);

analogWrite(11,LOW);          // 2秒、停止
digitalWrite(10,LOW);
delay(2000);
```

Part **7**　自動運転をしてみよう

```
digitalWrite(6,LOW);
digitalWrite(3,LOW);
digitalWrite(5,HIGH);        // ポイント A を内側に切り替え
digitalWrite(9,HIGH);        // ポイント B を内側に切り替え
delay(200);

digitalWrite(6,LOW);
digitalWrite(3,LOW);
digitalWrite(5,LOW);
digitalWrite(9,LOW);

analogWrite(10,60);          // 5 秒、前進
digitalWrite(11,LOW);
delay(5000);

analogWrite(10,LOW);         // 2 秒停止
digitalWrite(11,LOW);
delay(2000);

digitalWrite(5,LOW);
digitalWrite(9,LOW);
digitalWrite(6,HIGH);        // ポイント A を外側に切り替え
digitalWrite(3,HIGH);        // ポイント B を外側に切り替え
delay(200);

digitalWrite(5,LOW);
digitalWrite(9,LOW);
digitalWrite(6,LOW);
digitalWrite(3,LOW);

analogWrite(11,60);          // 5 秒、後進
digitalWrite(10,LOW);
delay(5000);
```

177

スイッチバックをつくる

```
analogWrite(10,LOW);
digitalWrite(11,LOW);
delay(2000);
}
```

// 2秒、停止

　スイッチバックのスタートは Arduino のリセットボタンを押してから、車両用電源のスイッチを ON にします。なお、2つあるポイントは両方とも、はじめに直線状態（上記のスケッチだと外側の表記）となっているように HIGH と LOW を設定します。

　スピードは車両に合わせて決めます。今回は前進、後進とも60にしました。上りと下りがあるので、それぞれスピードを変えてもいいかもしれません。なお delay(　); は、ゆとりを持って区間を走りきれるように5秒にしました。

　車両を地上高30mm の坂の上に置き、リセットボタンを押してスイッチを ON にすると、2両連結の機関車は動き出します。地上高20mm の線路の端まで下ると、いったん停止し、ポイントが切り替わると、地上高15mm まで動いて停止します。

　次に、ちょっと間をおいてポイントが切り替わると、今度は地上高0mm まで下っていったん止まります。そして、再び同じように登って行き、これを繰り返します。

　言うまでもありませんが、Arduino はスケッチに基づき線路やポイント電流を送り続けるだけなので、線路状態や車両の集電状態など、走らせるときはスムーズに動くように十分なメンテナンスも必要です。

　また、脱線しないように車両の重量バランスや、連結器の調子など整備も大切です。実際に走らせてみると、途中で集電不良がおきたり、トロッコが脱線してしまったりと、スケッチとは別のトラブルが起きてしまうので、何をどう走らせるのか工夫も必要です。

Part ❼ 自動運転をしてみよう

図7-20 スケッチどおりに動くのか、ベースの上でまず試運転。ベースはMDFボード（厚さ3mm×長さ900mm×幅300mm）。走行するのはOn18の機関車。

図7-22 谷間の草原にはレイアウト用のマットを貼り付け、手前の舗装道路はジオラマ用の塗料を塗って雰囲気を出してみた。

図7-21 スイッチバックは、まず地上高30mm（写真左下）から同20mmまでまっすぐ前進で下り、ポイントを切り替えて同15mm（写真左上）まで後進で下ったあと、再びポイント切り替えて同0mmの終点まで前進して停止。今度は逆の動きを繰り返して頂上まで登り始める。

図7-23 築堤になる石積みは、手持ちのスタイロフォームを薄く切り出し、カッターで横にスジを入れたあと、マイナスドライバーの先で段違いにタテの線を入れた。周囲が微妙に盛り上がるので"らしく"見える。仕上げにグレーのサフェーサーを吹いて石積み感を演出。

図7-24 完成したスイッチバック。機関車はスタート地点の地上高30mmから①→②→③→④の順で、前進、停止、後進、停止をくり返しながら地上高0mmまで下り、しばらくして今度は④→③→②→①の順で登っていく。これを繰り返す。

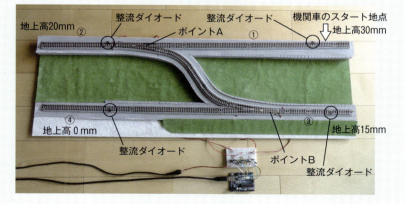

179

スイッチバックをつくる

図7-25 機関車をスタート地点に置き、Arduinoのリセットボタンを押して電源をONにする。

図7-26 機関車は地上高20mmの地点で停止したあと後進して、ポイントAを渡り同15mmまで下る。

図7-27 ポイントBを渡り地上高0mmまで下りきり、整流ダイオードの位置で停止する。このあと、再び後進をはじめスイッチバックを登っていく。

Part ⑧

500円マイコンを
つくってみた

わずか5点の部品でマイコンをつくる

Part.8では、ローコストのマイコン製作にチャレンジしてみました。信号機や踏切など、マイコンで動かしたいアクセサリーが増えてくると、当然のことながら制御するArduinoの入出力ピンも足らなくなります。

新たに購入するとArduino UNOなら3000円以下ですが、低価格とはいっても2つ買えば6000円近くになります。これでは財布の負担も大きくなってしまいます。

そこで、マイコンとして最低限の機能を持ったボード（マイコンを取り付けた回路基板）を安価につくってみました。名付けて"500円マイコン"です。Arduinoと同様にサンプルスケッチを実行することができるので、この本で紹介したスケッチをすべて利用できます。

使うのはATmega328Pというマイコンと、ほんのわずかの部品です。とはいえ、500円マイコンは技術的に難しいので、動く仕組みから実際の配線まで、横浜システム工学院の教育指導室主任講師、三輪基敦先生に製作指導をお願いしました。横浜システム工学院は、日本を代表する専門学校ロボット競技大会「スチールファイト」の常勝チームとしても知られています。

それでは、さっそくマイコンというブラックボックスの扉をあけてみましょう。

図8-1が500円マイコンの配線図です。え、こんなにシンプルなの？と思うのではないでしょうか。使用する部品はナント！わずか5点です。

中央にドンと座っているのがマイコンのATmega328Pで、左右の数字がピンの番号です。マイコンはどれも半円形状のくぼみを上に、左上の1番ピンから反時計回りにピン番号が進み、一周しています。

ただ、実際のマイコンにこの番号は記されていません。またArduino上のピン番号とも違いますので注意しましょう。

まず、マイコンの中がどうなっているのか、簡単に見てみましょう。これまでのPartでは、マイコンに光センサーやボリュームから電気信号を入力すると、スケッチ（プログラム）を実行し、LEDやモーターなどを制御しました。

なぜ、こうした複雑な働きができるのでしょうか。それは、いくつもの命令を組み合わせたプログラムを一度メモリに記憶させ、それをCPUという処理装置で順番に読み出したり、あるいはその結果を書き込んだりしているからです。

こうしたメモリやCPU、それに入出力用の回路などを1つの半導体の板にまとめたのが、マイコンです。複雑

Part ⑧ 500円マイコンをつくってみた

な仕組みになっているため、動かすには電気だけでなく、2拍子のリズムも必要です。リズムはクロック（同期信号）と呼ばれ、これがオーケストラの指揮者のような役割をはたして、メモリやCPUをあやつります。

図 8 − 1 マイコン ATmega328P の基本回路

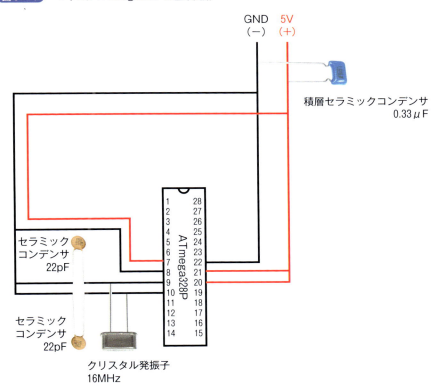

図 8 − 2 コンピュータは5つの装置で動いている。

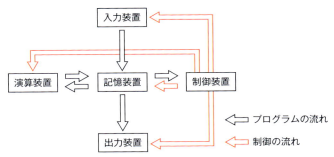

ブートローダが大切

　では、マイコンボードの部品と役割を説明しましょう。主役はいうまでもなく、Arduino Unoに搭載されているマイコンと同じ、Atmel社が製造・販売するATmega328です。このマイコンは、スケッチを書き込むフラッシュメモリ、それを一時的に利用するSRAM、不揮発性のEEPROMメモリを備えており、動作電圧は5Vです。値段も比較的安価で、すぐに使えるようブートローダを書き込んだ製品でも400円しません。

図8-3　マイコンのATmega328P

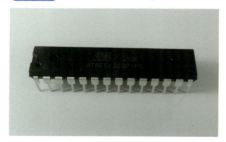

　ここで"ブートローダ"ってナニ？と、思うのではないでしょうか。じつは、マイコンを動かすには、最初にブートローダというプログラムを起動させなければなりません。いわば、自動車のエンジンを動かすさいのセルモーターのような役割を担っています。最初に実行するプログラムをメモリに読み込ませるのがブートローダの仕事なのです。

　ところが、市販されているATmega328Pには、ブートローダを書き込んでいるものと、そうでないものとがあり、値段も違います。書き込みなしだと250円ぐらいですが、安価なぶん専用のツールを使い、自分でブートローダを書き込まなければなりません。

　大量に使用するなら、安価なほうを選択し、自分でブートローダを書き込んでもいいでしょう。何はともあれ、マイコンを購入するさいは、くれぐれも値段だけでなく、ブートローダ書き込みの有無も確認するようにしてください。

　次に、図8-1でATmega328Pの10番ピンと9番ピンに接続しているのが、16MHz（メガヘルツ）のクリスタル発振子です。その名の通り、一定の周期で信号を発振する部品で、このクロックをマイコンに送ります。

　発振子にはこのほかにセラミックを使ったセラミック発振子もありますが、クリスタルの方が高精度です。値段は30円程度です。

　マイコンによって必要なクロックも変わってくるので、発振子を選ぶときは、必ず何ヘルツなのか確認しましょう。

Part 8　500円マイコンをつくってみた

図8－4　16MHzのクリスタル発振子

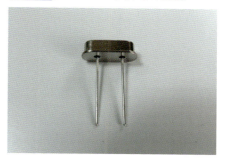

図8－6　0.33μFの積層セラミックコンデンサ

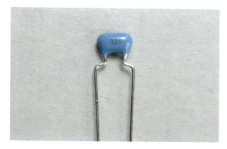

　あとは、22pF（ピコ ファラッド）のセラミックコンデンサと、0.33μF（マイクロ ファラッド）の積層セラミックコンデンサです。値段は1個20円～30円程度です。

　コンデンサは電気を溜める部品で、その容量をF（ファラッド）という記号で表しています。溜められる容量は部品の表面に印字されており、セラミックコンデンサは茶色の丸い表面に「22」、同じくブルーの積層セラミックコンデンサの場合は「334」と記されています。

図8－5　22pFのセラミックコンデンサ

　この容量を表す数字の読み方ですが、最初の2つの数字はpFの単位で、3つ目は10の乗数を表しています。ということは、セラミックコンデンサの場合は22なので22pFとなります。積層セラミックコンデンサは、334なので33pF×10^4、つまり330000pFとなります。1μは1000000pですので、0.33μFになるわけです。

　両方のコンデンサは、ともに極性（＋－）がないため、2本ある足のうちどちらをGND（－）につないでも問題ありません。ちなみに積層とは、容量を引き上げるためにセラミックを多層構造にしたものです。

　電気を溜めるのがコンデンサの役割なので、ダムのように電気を一度溜めてから使うことにより、電源を安定化させたり、不要なノイズを吸収したりして、信号を取り出しやすくしています。

　使用する電源は5Vです。Part.6で使用したのと同じように、スイッチングACアダプターを使用しました。なお、ちょっと専門的になりますが、三

端子レギュレーターを使用した回路をつくれば、9V形の電池から5Vだけ取り出して使うこともできます。

5つの部品をブレッドボードに組んだのが図8-7です。これで完成です。じつにシンプルでしょう。かかった費用は電源やブレッドボードなどを除き、500円しませんでした。

図8-7 部品点数が少ないので、ブレッドボードに組んでもシンプルな姿。

ところで、ここに大きな問題があります。というのは、どうやってマイコンにスケッチを書き込むのか、ということです。Arduino とちがい500円マイコンには USB コネクタが付いていません。

じつは、パソコンから直接スケッチを書き込むには、ここに「USB変換モジュール」という装置を付け、USB ケーブルでマイコンとパソコンとつなげなければなりません。

もちろん、この USB 変換モジュールは市販されていますし、新たに追加する部品もカーボン抵抗と、積層セラミックコンデンサだけですから、こちらも簡単にブレッドボードの空きスペースに載せられます。

図8-8 USB 変換モジュール。左側に USB コネクタ、右側下にピンソケットがついてる。この製品のサイズは幅18mm×長さ23mm。

とはいえ、書き直す必要のないスケッチで、それもマイコンを2～3個つくるだけなら、わざわざ USB 変換モジュールを追加する必要はありません。ATmega328P は、Arduino と同じマイコンですから、スケッチを書き込んだ Arduino からマイコンを取り

はずして500円マイコンのブレッドボードに移してしまえばいいのです。

ただし、何度も抜き差しすると、マイコンのピンが折れたり、不要な力をICソケットに加えたりすることで、Arduinoの基板に不具合の起きる可能性もあります。注意しましょう。

Arduinoからマイコンを取り外すときは、まずUSBケーブルを抜いて電源を切った状態にします。次に、マイナスドライバーの先をマイコンと、ICソケットの間にそっと差し込み、少しずつ力を加えてゆっくりと抜きます。このときピンを傷つけないように気をつけます。

はずしたあとには、新たに購入したブートローダ書き込み済みのATmega328PをICソケットに差し込みます。抜いたときと同じように、ただはめるだけなのですが、じつは、ちょっとしたコツが必要です。

というのは、ATmega328Pだけでなく、たいていのICは出荷するときに、本体から出るピンを少し広げた状態にしています。このため、そのままICソケットに差し込もうとすると、ピンが外側に飛びだしてしまい、うまくはめることができません。

そこで、新しいマイコン取り付ける際は、本体に対してピンが直角になるよう角度を調整しなければなりません。机の表面や角に押しつけるなど、人により方法はさまざまですが、角材の角を使う方法もあります。電子部品は静電気に弱いので、できるだけ静電気を起こさないようにしましょう。

図8-9 ATmega328PはICソケットに差し込まれている。取り外すさいは静電気を起こさないよう注意しながら、ピンに触れないようにマイナスドライバで少しずつ持ち上げる。

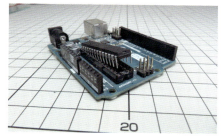

図8-10 買ったばかりのマイコンのピンは左右に広がっている。

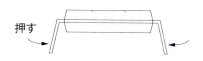

左右のピンが広がっている　　　　　左右のピンを直角にする

稼働テストをスタート

では、実際に動くのか実験してみます。IDEのファイルからスケッチ例を選び、LEDを点滅させる「Blink」をArduinoに書き込みます。次にICソケットからマイコンを取り外し、500円マイコンのブレッドボードに差し替えます。

これに図8-11のようにLEDと1kΩのカーボン抵抗を加えます。Arduinoに対応するピン番号は図8-12の通りです。Part.1で紹介したようにLEDを点滅させる＋の電気は、デジタルピン13（19番目のピン）から出力されるので、配線が間違っていなければ、LEDが点滅するはずです。

図8-11 電源をつなぐとLEDが点滅する。

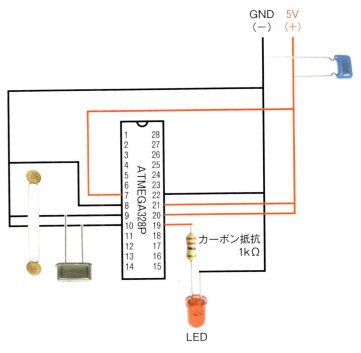

188

Part ⑧ 500円マイコンをつくってみた

図8-12 ATmega328Pのピン番号と、Arduinoのスケッチで指定するピン番号との関係図。digitalWrite（13,HIGH）なら、13番ピンはATmega328Pの19番目のピンになる。

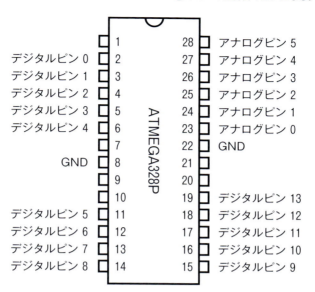

ところで、スケッチによっては途中でリセットスイッチを押して、最初から実行し直すこともあります。Arduinoにもリセットボタンがあります。そこで、500円マイコンにもリセット用のタクトスイッチを取り付けました。

タクトスイッチは縦横6mmの小さなプッシュ式のスイッチのことで、ボタンを押すと接続する構造になっています。配線には10kΩのカーボン抵抗

も必要です。これで完成です。

図8-13 タクトスイッチの仕組み

ボタンを押すとこの間が接続する

189

稼働テストをスタート

図8-14 リセット用のスイッチを500円マイコンに取り付ける。

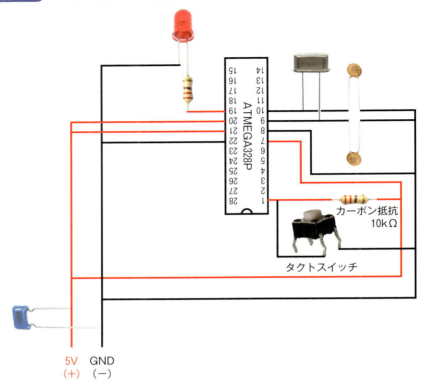

図8-15 ブレッドボード上で完成した500円マイコン。電源の5Vはスイッチング AC アダプターから供給するので、DC ジャックを取り付けた。

Part 8 500円マイコンをつくってみた

USB でパソコンとつなげてみた

　番外編として先ほど紹介した市販のUSB変換モジュールを取り付けてみました。USB変換モジュールはマイコンとパソコンをつなげてデータの送受信を行う装置で、2000円程度で購入できます。これを装備するとArduinoのIDEでつくったスケッチを直接マイコンに書き込むことができます。

　たとえば、スケッチ例からオリジナルのスケッチをつくり、それをそのままパソコンから500円マイコンに書き込むこともできます。

　さらに、点灯時間や光センサーのシキイチをあとから変更したくなったときも、すぐに手直しして書き直すこともできるので、とても便利です。

図8-16 USB変換モジュールを加えた回路図。配線は製品の取扱い説明書に準じた。

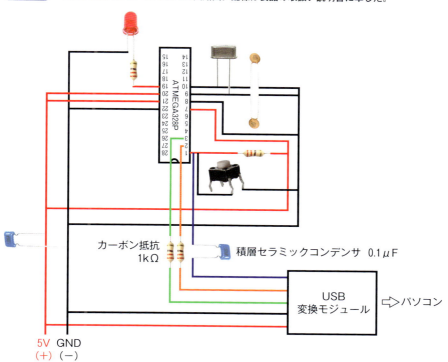

191

USB でパソコンとつなげてみた

図8-17 USB変換モジュールを装備した500円マイコン。これでArduinoを使わなくても信号機や踏切遮断機などを動かすことができる。これをマイコンにスケッチ書き込む専用のボードにしてもいい。

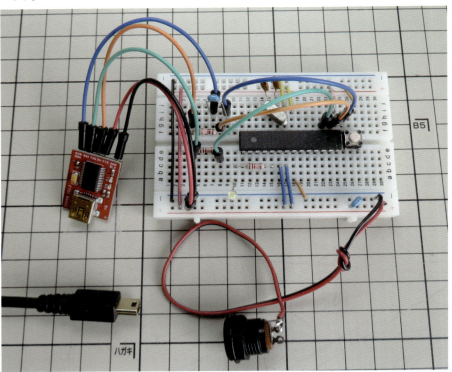

Part ⑨

パーツや回路のこと

回路図の見方

　電子工作に本格的にチャレンジすると、必ずといっていいほど「回路図」にぶつかります。初めてみる方は意味不明の記号を線で結んでいるだけの図に見えて、なにを表しているのか、さっぱりわからないと思います。

　でも、この回路図が読めるようになると、電子工作本やインターネットで紹介されている、さまざまな作品をつくることができ、市販の電子工作キットも難なく組み立てられるようになります。

　そこで、Part.9では、回路図の基本的なことを少しだけ説明します。詳しく知りたい方は電子工作本など、関連した専門書をぜひお読みください。

　そもそも回路図の"回路"とは何なのでしょうか。じつは、回路とは接続した部品に電流を流す通路（道）のことで、その通路全体を地図のように表したのが回路図なのです。したがって、その図から3つのことを読み取れれば、回路図を理解できます。

　読み取るのは、①使用されている部品の種類、②部品の内容、③各部品の接続関係の3つです。

　図9－1は、Part.0に出てくるArduinoでLEDを点滅させる回路です。

図9－1　LEDを点滅させる回路。

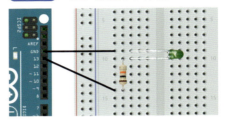

　これを回路図に表すと図9－2のようになります。

図9－2　LEDを点滅させる回路図。左側がArduino、右側は1kΩの抵抗とLED。

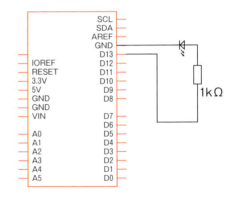

　左の長方形の図がArduinoで、右側の記号はLED、は抵抗の記号です。Arduinoの13番ピンから出力すると、抵抗とLEDを通り、GND（グランド）へ電流が流れます。

　電子回路でよく使われる部品の大半は記号化されており、インターネット

Part ⑨ パーツや回路のこと

で調べることもできます。鉄道模型の電子工作なら使う部品も限られるので、すぐに覚えられるのではないでしょうか。

部品の種類がわかったら、次にその内容です。◻ は、下に1kΩと書かれているので、1kΩのカーボン抵抗ということがわかります。部品の接続関係は線でつないで表します。互いに接続しあう部分は ┷ や ┿ のように黒丸で結んで示します。

見やすく書くのが回路図の基本なので、同じ図でも人によって書き方が変わることもあります。

また、電源電圧（＋）やGND（－）など、部品以外も記号化されています。この本で取り上げたおもな部品は表9－1のようになります。

表9－1 この本に登場したおもな部品の回路記号。これ以外の表記もあるが、一般に見慣れた記号のみを掲載した。

記号	名称
LED記号	LED
抵抗記号	抵抗
半固定抵抗器記号	半固定抵抗器
可変抵抗器記号	可変抵抗器
コンデンサ記号	コンデンサ
電解コンデンサ記号	電解コンデンサ
ダイオード記号	ダイオード
プッシュスイッチ記号	プッシュスイッチ
スピーカー記号	スピーカー
光センサー記号	光センサー
GND記号	GND（グランド、－）
VCC記号	VCC（電源電圧、＋）

ちなみに、GNDは－のことですが、よく下水にたとえられます。それは、電源（水源）から出た＋（水）は部品を通ってすべて－（下水）に流れ下っていくからです。つまり、接続線が途中で途切れていても、⏚の記号になっていれば、GNDにつなげればいいことになります。

また、水源になる電源のほうは電源電圧として、VCCと表記されることもあります。いずれも、このあとで取り上げるスピーカーアンプの回路図に出てくるので、頭の隅にでも入れておいてください。

次に、部品の見方です。部品は姿かたちのよく似たものも多く、せっかくパーツショップまで買いに行っても、机の上に広げてみたら、どれがどの部品なのかわからなくなって頭を抱えてしまった、ということもありえます。

とくにカーボン抵抗や、積層セラミックコンデンサなどは形がよく似ていて、部品に表示された記号や、色で見分けないと判断がつきません。それぞれのPartで説明しきれなかった部品について、ここで紹介します。

まず、カーボン抵抗です。これは帯の色で見分けます。4つの色が順番に並んでおり、最初の2つの色で0～9の数字を示し、3つ目が乗数を表しています。たとえば茶、黒、赤の順になっていれば、表9－2で示しているように、茶＝1、黒＝0で10となり、赤＝10^2なので1000Ωとなり、1kΩになります。4番目の色は誤差です。

195

回路図の見方

表9-2 カーボン抵抗に色帯で示された抵抗値の見方。

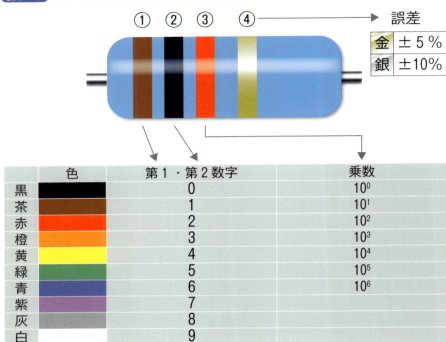

　次にコンデンサです。コンデンサには"極性"、つまり＋と－のあるものと、そうでないものとがあります。積層セラミックコンデンサに極性はありませんが、電解コンデンサにはあります。Part.7の図などで説明したように、極性のある場合は2本ある足のうち、どちらかを＋につながなければなりません。電解コンデサは基本的に足の長い方が＋で、本体には帯状の記号で－側を示しています。

　このほかの部品についても少し紹介しておきます。知っておくと便利です。

　最初は可変抵抗器です。同じ抵抗でもツマミを回して抵抗値を変えられるのが特徴です。可変抵抗器にはボリュームと呼ばれるパネル取り付け型のタイプと、半固定抵抗器などがあります。

　このうちのボリュームは鉄道模型のパワーパックなどでもおなじみですね。つなぎ方にもよりますが、3つある端子のうち左側の端子から中央の端子に電流を流した場合、ツマミを右に回すと抵抗値が小さくなり、左に回すと反対に抵抗値が大きくなります。

　ボリュームは、ツマミを回したときの抵抗値の変化で、A型とB型に分かれています。鉄道模型で使うのならB型です。A型はオーディオの音量調

整などに使われることが多いようです。また、ON/OFFスイッチ内蔵のボリュームもあるので、パワーパックを自作するときに利用すると便利でしょう。

一方、半固定抵抗器は、読んで字のごとく抵抗値をなかば固定して使います。たとえば、光センサーのシキイチ値や電子音の大きさなど、抵抗値を一度決めたら、あとからあまり変える必要のない回路に適しています。

半固定抵抗器にもツマミつきがありますが、ボリュームのような回しやすさはありません。ドライバーの先で回して抵抗値を変えるのが一般的です。

ところで、この本にはさまざまなダイオードが登場しました。LED（発光ダイオード）を除くと、整流ダイード、定電流ダイード、小信号高速スイッチング・ダイオードなどがそれです。それぞれ用途が違っていても、基本的に全部同じダイオードなので回路記号は、 となります。

電流は＋から－に流れ、＋側をアノード、マイナス側をカソードと呼んでいます。ダイオードは、いずれも電流を一方向にしか流さない、というのが特徴です。電流の逆流防止のために使用します。

図9-5　ダイオードに電流が流れる方向。

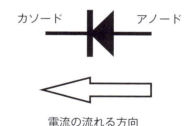

電流の流れる方向

図9-3　半固定抵抗器。ツマミが埋め込まれていているタイプと、飛び出しているタイプ。抵抗の値はドライバーでツマミの先を回して調整する。

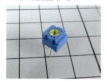 

図9-4　ボリューム。ツマミの下がネジ形状になっているので、付属のナットとワッシャでケースやパネルに取り付ける。

197

図9-6 各種のダイオードと電流の関係。電流は反対方向に流れない。

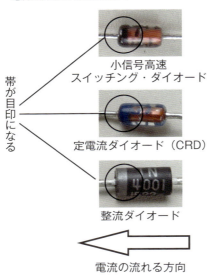

帯が目印になる
- 小信号高速スイッチング・ダイオード
- 定電流ダイオード（CRD）
- 整流ダイオード

電流の流れる方向

図9-7 LED（発光ダイオード）のアノードとカソード。

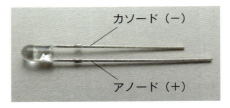

カソード（－）
アノード（＋）

Arduinoの出力する5Vを1kΩのカーボン抵抗を通してLEDのアノードに送り、カソードからArduinoのGNDに流れるように回路をつくりました。

じつは、この1kΩは便宜的な値です。本来は計算して必要な抵抗値を決めます。当然ながら、それにより明るさも変わってきます。

計算方法はこうです。まず、LEDに付属しているデータシートから、計算に必要な2つの数字を探し出します。

データシートが付いていなければLEDのパッケージや、売り場の表示を見ます。もしLEDの品番がわかっているようなら通販サイトから探すことも可能でしょう。

見つけるのは、VfとIfという記号とその数字です。Vfは順方向電圧降下の意味で単位はV（ボルト）、Ifは順方向電流のことで、単位はmA（ミリアンペア）です。それぞれが最大定格と呼ばれるものなので、これを超えると壊れてしまいます。

たとえば、手元にある赤色チップLED2012は、パッケージに仕様が印

同じダイオードでも発光するLEDは、前述のように回路記号も少し違っていて、と書きます。

なんとなく光っている雰囲気が出てますね。やはりダイオードなので、2本ある足のうち＋側がアノード、－側がカソードです。一般に足の長い方がアノードとなっていることが多いようです。

LEDは抵抗と合わせて使用しますが、乱暴な使い方をするなら、抵抗なしでそのまま3Vの電池に接続しても点灯します。

しかし、それは本来の性能を発揮しているものではありません。電流を流しすぎたり、電圧が高すぎたりすると壊れてしまいます。

この本で取り上げた作例の多くは、

字されています。そこからVfとIfを探すと、Vf：2.0～2.2V、If：20mAとなっています。
　一般にLEDに流す適正電流は5mA～15mAとされており、性能いっぱいだと最大定格値付近になるので、寿命も短くなるようです。必要な抵抗値は次の計算式で求めます。

**電流制限抵抗値（必要な抵抗値：Ω）＝
（電源電圧（V）－LED順方向電圧降下（V））÷LEDに流したい電流値（A）**

　電源電圧が5Vで、Vf：2V、If：15mAのLEDを点灯させるなら、（5V－2V）÷0.015A（15mA）＝200Ωということになります。
　一般にLEDの順方向電圧は発光色によって違い、赤色、緑色、黄色で2V程度、白色だと3V程度になることが多いようです。
　抵抗値の計算が面倒な場合は、定電流ダイオード（CRD）を使います。値段は1個30円程度ですから、大量に使わないのなら、こちらもお勧めです。5mmぐらいのガラスの筒に封じ込められたダイオードで、使用する電源電圧が12V～0Vの鉄道模型ならE-153というタイプのCRDを使いま

す。これは電圧の変化にかかわらず、必ず15mAを出力するのでLEDにもってこいです。
　なお、著者は定電流ダイオードをハンダづけしたDCジャックをいつも手元に用意しています。チップLEDを配線したあとや、アクセリーに組み込んだときなど、LEDの配線がどこかで断線していないかどうか、あるいは思うような発光になっているかどうか、いろいろ心配になることがあります。しかし、このDCジャックを使うと、すぐにその場でLEDを発光させられるので便利です。
　数ある部品のなかでも、レイアウトをつくるうえで、ぜひ知っておきたい

図9－8　赤色チップLED2012のパッケージ。電流制限抵抗値を出すためのVfとIfが印字されている。この数値から必要なカーボン抵抗のΩを決める。

図9－9　定電流ダイオードを取り付けたDCジャック。12Vや5Vのスイッチング ACアダプターに接続するだけで、すぐにLEDの試験点灯を行える。

回路図の見方

のがリレーです。リレーはコイル（電磁石）とスイッチの接点を組み合わせたもので、コイルに電流を流すと金属片が引きよせられ、接点が切り替わる仕組みです。

　金属片にはバネが取り付けられており、普段は一方の接点とつながっています。しかし、コイルに電流を流すと接点が切り替わり、各ピンの接続関係も変わります。

図9−10　1接点2回路の5V小型リレーの断面。中央に電磁石になるコイルが収まっている。

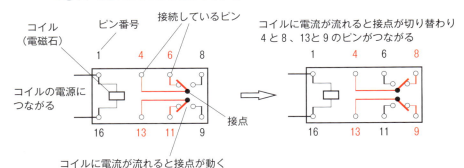

図9−11　2接点2回路リレーの構造。

　ところで、このリレーを2個つなげると、「自己保持回路」といって、おもしろいスイッチができます。図9−12がそれです。

　プッシュスイッチ①を押すと、リレーAのコイルに電流が流れて13番ピンと9番ピンがつながります。するとプッシュスイッチ①から指をはなしても、リレーAのコイルにはリレーBを経由してGNDへ電流が流れます。リレーAのコイルに電流が流れ続けるので、LEDも点灯を続けます。これが自己保持回路です。

　この自己保持回路を解除するには、プッシュスイッチ②を押してリレーBの6番ピンと4番ピンの接続を切ります。すると、リレーAのコイルに電流を流れなくなるので、LEDは消灯します。

Part ⑨ パーツや回路のこと

図9-12 リレーの自己保持回路で、プッシュスイッチ①をONにしたときの電流の流れ。OFFにしても、LEDは消灯しない。消灯させるにはプッシュスイッチ②をONにして、自己保持回路を解除する。

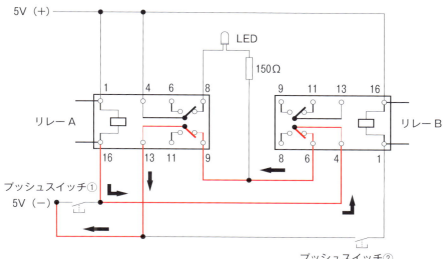

　自己保持回路は、こんな利用方法もあります。たとえば、リレーAの6番ピンと8番ピンを使い、それぞれに青と赤のLEDの＋側をつないでおくと、プッシュスイッチの操作で2つのLEDの点灯を切り替えられるようになります。

　ポイントマシンと連動させれば入れ替え信号機や、分岐方向の確認用ランプにも応用できます。さらに、プッシュスイッチを光センサーとトランジスタを組み合わせた回路にすれば、2灯式信号機もできます。Arduinoと組み合わせれば、よりおもしろい使い方もできそうです。

　リレーは、接点の数、コイルに流す電圧、接点容量などで種類が変わりま

す。図9-13で紹介しているのは5V小型リレーで、2接点（2回路）、コイル電圧5V、接点容量2Aです。小型リレーにはコイル電圧12vもあり、価格は100円程度からあります。

図9-13 5V小型リレー。2接点2回路あるため、ピンも左右に4本が向かい合っている。

201

回路図の見方

電子工作で音を出せるようになると、必ず欲しくなるのがアンプです。Part.5で踏切警報機をつくり電子音の警報音を出しました。ただし、音量がもの足りなく感じることもあります。

静かな部屋で警報音を鳴らしていても「もう少し音が大きいほうがいいなぁ」と思っている方もいるのではないでしょうか。それに、音が大きいとアクセサリーの存在感も増します。

そこで、作例としてアンプをつくってみました。使う部品はたった5つ、全部合わせても300円しません。回路図は図9－14の通りです。

オーディオだと音質を含めて満足できないかもしれませんが、警報音として利用するならこれで十分だと思います。冒頭の回路図の読み方を参考にすれば、使用している部品の種類もわかると思います。

図9－14 アンプの回路。入力から入った音声信号はボリュームを回すと増幅され、大きな音になる。

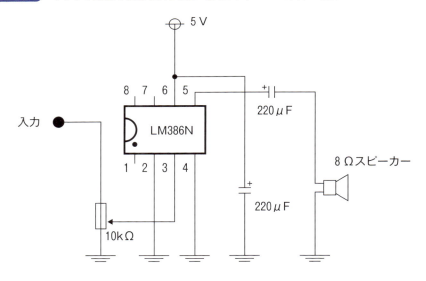

回路図の主役は、なんといっても8本の足のLM386Nと書かれたオーディオアンプICです。オペアンプとも呼ばれる増幅器で、入力された音声信号を増幅、つまり大きくします。部品には8つのピンがありますが、このうち2、3、4、5、6のピンを使います。ICなので、半円形状のくぼみのある方を上にして、左から1～4番ピンになります。

🔊は8Ωのスピーカー、⊣⊢は220μFの電解コンデンサ、⊥は10kΩの可変抵抗器 ⊕は5V電源の＋です。⏚はGNDで、全部一緒の線にまとめて－に接続します。増幅する音源は、入力と書かれたところにつなぎ

202

ます。
　図9-15はブレッドボードに組んだアンプの回路です。Part.5で紹介した踏切警報機の電子音を大きく鳴るようにしました。Arduinoの6番ピンをボリュームの入力側に、もう一方をGNDの線につなげます。
　なお、この回路は一例です。このほかにもオペアンプや回路があるので、インターネットで検索してみたらいかがでしょうか。

図9-15 Arduinoの電子音を大きくするアンプ回路をブレッドボードに組んでみた。写真右下がボリューム、右上はスピーカー。

買うのは実店舗か通販か

いざ電子工作をはじめようとしたとき、迷うのが部品の買い方です。実店舗で買うのであれば、東京だと秋葉原、大阪なら日本橋が有名です。遠隔地にお住まいなら、全国どこからでも購入できるネット通販も便利です。

この部品の購入方法なのですが、もし都内や大阪市内にお住まいで、いますぐ欲しい、というのなら実店舗に買いに走るのがベストと思うかもしれません。ところが、これは "チョット、まった！" なのです。

鉄道模型であれば皆さんじゅうぶんな知識をお持ちで、どのメーカーでなにを発売しているのか精通していて、迷うことなく目当ての商品を買えます。また、わからなければ店の人に具体的に欲しいものを説明して、手に入れることもできるでしょう。

ところが、電子工作に使う部品はそう簡単ではありません。じつは専門的な知識をもってないと、意外に見つけ出すのが難しいんです。それに店の人にも聞くといっても、具体的な説明がなかなかできません。

その1つの例が、部品の名称です。実店舗に行くと棚にたくさんの引き出しが並び、その中に部品が入っています。この棚から目当てのものを見つけ出すのに苦労することがあります。

たとえば、前述の LM386N をある店舗では「オーディオアンプ」と書かれた引き出しに入れていますし、別の店舗では「オペアンプ」として売っています。整流ダイオードの表記も「一般整流ダイード」や「汎用整流用ダイオード」などとなっていて、同じ商品でもどれを選べばいいのか、まごついてしまいます。

また、引き出しに「1N4001」など品番だけ表記していることもあります。このため、事前にネット通販などで名称から品番まで調べておかないと、店内で欲しい商品にたどり着くまでが大変です。

その点、ネット通販は便利です。注文の途中でわからなくなれば、いったん買い物をストップして調べ直すこともできますし、値段も実店舗と変わらないので、交通費の代わりに送料を負担するだけで済みます。

デメリットをあげるとすれば、商品の到着まで時間がかかることでしょう。注文してから実際に手にするまで、1週間近く待たなければならないのが、じれったいところです。急ぐ必要がなく、とりあえず実験的につくってみたい、と思うのならネット通販がいいかもしれません。

図9-16 千石電商のネット通販のトップページ。(http://www.sengoku.co.jp/)

図9-17 秋月電子通商のネット通販のトップページ。(http://akizukidenshi.com/catalog/)

を購入すれば、実際の列車のタイフォンを録音して鳴らすこともできそうです。LEDを使ったイルミネーションのキットなら商店のストラクチャーに組み込みたくなります。しかも、どれも安価なのがうれしいところです。

図9-18 ネット通販には実店舗もある（東京・秋葉原）。

とはいえ、実店舗にもそれなりの魅力があります。店頭にはさまざまな部品が並んでいるので、スイッチ類やコネクター類、あるいは電線や工具類など、これまで知らなかったものを発見して手に取ってみることができます。なかには鉄道模型で使えそうなものも数多くあります。

また、店舗によっては電子工作のキットも販売しており、レイアウトに組み込みたくなるような、おもしろいキットも数多くあります。もちろん、回路図を読める、といった電子工作の基礎知識は必要ですが、たとえば録音してきた音声をICに取り込めるキット

また、秋葉原ならNゲージを中心に鉄道模型の専門店や、中古ショップも周囲に多くあります。さらに、パーツから塗料まで揃ったプラモデルの専門店もあるので、部品を買ったあとも結構楽しめます。

というわけで、部品の買い方をまとめてみると、交通費があまり負担にならない地域にお住まいで、知識を深めながら電子工作をしたいなら実店舗がおすすめです。また、遠隔地にお住まいだったり、あるいは電子工作を一品対応で計画的につくりたかったりするなら、ネット通販がおすすめ、ということになります。

Part ⑩

最後に、ちょっとだけ
専門用語のこと

C言語の基礎知識

　本書を読んで、プログラミングに興味を持たれた方もいらっしゃると思います。この本はArduinoのスケッチ例を使い、一部の数字を書き換えたり、文字列をコピペしたりするだけで、誰でもカンタンにLEDの点滅や、サーボモーター、ステッピングモーターなどの制御ができるように書かれています。

　そこで、もっと専門的にマイコンのプログラミングを知りたいと思い、Arduinoを紹介した専門書などを手に取られる方もいらっしゃるのではないかと思います。しかし、専門書を開くと、のっけから関数、変数、引数といった言葉がズラズラとならんで、出鼻をくじかれてしまうかもしれません。

　そこで、本書の冒頭に登場したLEDを点滅させるスケッチを例にとり、ほんのちょっとだけ、プログラミングの専門用語を紹介したいと思います。とはいえ、どんな言葉が使われているのかをお示しするだけです。入門書以前の内容ですので、ご了承ください。

　リスト10−1を見てください。この本の一番はじめに出てきたスケッチ例の中にある「Blink」です。これはプログラミング言語の「C言語」に基づいて書かれています。「スケッチ」というのは、Arduinoだけで使っている言葉なので〝C言語の世界の方言のようなもの〟ともいわれています。ですので、C言語を勉強すれば、さらに理解が深まると思います。

リスト10−1

```
void setup( ) {
  pinMode(LED_BUILTIN, OUTPUT);
}

void loop( ) {
  digitalWrite(LED_BUILTIN, HIGH);
  delay(1000);
  digitalWrite(LED_BUILTIN, LOW);
  delay(1000);
}
```

Part ⑩ 最後に、ちょっとだけ専門用語のこと

プログラミングは大まかにいうと、型、関数、引数（ひきすう）、変数、戻り値などの組み合わせから成り立っています。このうちの関数は、スケッチの冒頭に登場する setup がそれです。前後の文字列の全体で、1つのブロックとなって仕事をします。この文字列は、型 関数 (引数) { 処理 ; } という姿をしています。

たとえば、この Blink スケッチなら最初の1行目の void が型で、関数が setup、(　) が引数ということになります。でも、カッコの中になにもないので、この場合の引数はありません。そして、処理の部分は {pinMode(LED_BUILTIN, OUTPUT);} となります。

この処理の中の pinMode(LED_BUILTIN, OUTPUT); も、関数と引数の関係にあります。最初の pinMode が関数で、引数は (LED_BUILTIN, OUTPUT); の部分です。

関数は自分でつくることもできますが、よく使うものは Arduino の中にはじめから組み込まれています。こうした関数を組み込み関数や、システム関数と呼びます。

IDE の画面をみると、それぞれ色つきで表示されており、組み込み関数が識別しやすくなっているのがわかると思います。

次のブロックはもうわかると思いま

す。これは void 型の loop 関数が、

```
{digitalWrite(LED_BUILTIN,
HIGH);
delay(1000);
digitalWrite(LED_BUILTIN,
LOW);
delay(1000); }
```

という処理をしています。digitalWrite と delay は組み込み関数で、引数の中にある HIGH と LOW は組み込み変数です。

delay はスケッチの流れを指定された mm 秒間だけ停止する関数です。delay(15) となっていれば 15mm 秒停止します。

型 関数 (引数) { 処理 ; } が行う仕事を蒸気機関車にたとえるなら、ボイラー（関数）に水（引数＝データ）を入れると、決められた処理をして、蒸気（戻り値）になって返される、というようなイメージです。

次は if 文です。プログラミングは、さまざま仕事をマイコンに指示しますが、その1つに制御文というのがあります。Part.2 で光センサーを使い、暗くなると LED が点灯するスケッチをつくりました。ここで登場した if － else というのがそれです。クローズアップするとリスト 10 － 2 のようになっています。

209

C言語の基礎知識

リスト10－2

```
void loop( ) {
  int analogValue = analogRead(analogPin);
  if (analogValue< threshold) {
    digitalWrite(ledPin, HIGH);
  }
  else {
    digitalWrite(ledPin,LOW);
  }
  Serial.println(analogValue);
  delay(1);
}
```

これは関数のif（条件）により｛処理a;｝か、あるいはelse ｛処理b;｝をします。3行目のifの次にくる(analogValue< threshold) が条件で、その条件がtrue（真）なら｛digitalWrite(ledPin, HIGH);｝の処理をします。

しかし、その条件にあてはまらないfalse（偽）なら、そのままelseに移り｛digitalWrite(ledPin,LOW);｝の処理をします。

また、Part.4ではfor文が登場しました。これも制御文で、for（初期処理；条件；変更処理）｛処理;｝という形をしています。

スケッチは、for(pos = 0; pos <=90; pos += 1) {myservo.write(pos); delay(15);}となっていました。この場合、pos = 0; が初期処理、pos <=90; が条件、pos += 1が変更処理にあたります。この制御文は、posが90以下なら90になるまで1ずつ加えなさい、という指示をしています。posの初期処理が0で、次にpos <=90; になっているので、変更処理によりpos += 1で1を加え続け、条件を満たす90になるまでくりかえします。

スケッチはだいたい、こんなように書かれています。なんとなくフンイキをお分かりいただけたでしょうか。プログラミングの専門書は難しそうな用語を使うので、初心者はとまどいがちです。でも、言葉の意味や考え方の手順さえなんとなくわかれば、数学の知識などなくても、誰でもチャレンジできると思います。

Part ⑩ 最後に、ちょっとだけ専門用語のこと

この本で使用したスケッチ

最後に、この本の作例で使用したスケッチをまとめました。これらのプログラムは技術評論社のサイト（https:// gihyo.jp/book/2018/978-4-7741-9919-1/support）からダウンロードできます。

〈Part.1〉

```
// 交通信号機をつくろう
void setup( ) {
  pinMode(13, OUTPUT);
  pinMode(12, OUTPUT);
  pinMode(11, OUTPUT);
}
void loop( ) {
  digitalWrite(13, HIGH);
  delay(15000);
  digitalWrite(13, LOW);
  digitalWrite(12, HIGH);
  delay(5000);
  digitalWrite(12, LOW);
  digitalWrite(11, HIGH);
  delay(10000);
  digitalWrite(11, LOW);
}
```

〈Part.2〉

```
// 暗くなると自動点灯
const int analogPin = A0;
const int ledPin = 13;
const int threshold = 250;
```

211

この本で使用したスケッチ

```
void setup( ) {
  pinMode(ledPin, OUTPUT);
  Serial.begin(9600);
}

void loop( ) {
  int analogValue = analogRead(analogPin);
  if (analogValue< threshold) {
    digitalWrite(ledPin, HIGH);
  }
  else {
    digitalWrite(ledPin,LOW);
  }
  Serial.println(analogValue);
  delay(1);
}
```

〈Part.3〉

```
//2,3,4灯式信号機をつくろう
//2灯式信号機
const int analogPin = A0;
const int ledPin = 13;
const int led2Pin = 12;
const int threshold = 250;

void setup( ) {
  pinMode(ledPin, OUTPUT);
  pinMode(led2Pin, OUTPUT);
  Serial.begin(9600);
}

void loop( ) {
  int analogValue = analogRead(analogPin);
  if (analogValue < threshold) {
```

212

Part⑩ 最後に、ちょっとだけ専門用語のこと

```
   digitalWrite(ledPin, HIGH);
   digitalWrite(led2Pin, LOW);
   delay(6000);
  }

  else {
   digitalWrite(ledPin,LOW);
   digitalWrite(led2Pin, HIGH);
  }
  Serial.println(analogValue);
  delay(1);
}

//3灯式信号機
const int analogPin = A0;
const int ledPin = 13;
const int led2Pin = 12;
const int led3Pin = 11;
const int threshold = 250;

void setup( ) {
  pinMode(ledPin, OUTPUT);
  pinMode(led2Pin, OUTPUT);
  pinMode(led3Pin, OUTPUT);
  Serial.begin(9600);
}

void loop( ) {
  int analogValue = analogRead(analogPin);
  if (analogValue < threshold) {
   digitalWrite(ledPin, HIGH);
   digitalWrite(led2Pin, LOW);
   digitalWrite(led3Pin, LOW);
   delay(6000);
```

213

この本で使用したスケッチ

```
  digitalWrite(ledPin,LOW);
  digitalWrite(led2Pin,LOW);
  digitalWrite(led3Pin, HIGH);
  delay(6000);
 }

 else {
  digitalWrite(ledPin,LOW);
  digitalWrite(led2Pin,HIGH);
  digitalWrite(led3Pin,LOW);
 }
 Serial.println(analogValue);
 delay(1);
}

//4灯式信号機
const int analogPin = A0;
const int redPin = 13;
const int greenPin = 12;
const int yellowPin = 11;
const int yellow2Pin = 10;
const int threshold =250;

void setup( ) {
 pinMode(redPin, OUTPUT);
 pinMode(greenPin, OUTPUT);
 pinMode(yellowPin, OUTPUT);
 pinMode(yellow2Pin, OUTPUT);
 Serial.begin(9600);
}
void loop( ) {
 int analogValue = analogRead(analogPin);
 if (analogValue < threshold) {
  digitalWrite(redPin, HIGH);
  digitalWrite(yellowPin, LOW);
```

Part❿ 最後に、ちょっとだけ専門用語のこと

```
    digitalWrite(yellow2Pin, LOW);
    digitalWrite(greenPin,LOW);
    delay(6000);

  digitalWrite(redPin, LOW);
  digitalWrite(yellowPin, HIGH);
  digitalWrite(yellow2Pin, HIGH);
  digitalWrite(greenPin,LOW);
  delay(6000);

  digitalWrite(redPin, LOW);
  digitalWrite(yellowPin, LOW);
  digitalWrite(yellow2Pin, HIGH);
  digitalWrite(greenPin,LOW);
  delay(6000);
  }

  else {
    digitalWrite(redPin, LOW);
    digitalWrite(yellowPin, LOW);
    digitalWrite(yellow2Pin, LOW);
    digitalWrite(greenPin,HIGH);
  }
  Serial.println(analogValue);
  delay(1);
}
```

〈Part.4〉

```
// 踏切遮断機、腕木信号機をつくろう
#include <Servo.h>
const int analogPin = A0;
const int threshold = 250;
Servo myservo;
int pos =0;
```

この本で使用したスケッチ

```
void setup( ) {
  myservo.attach(9);
}
void loop( ) {
  int analogValue = analogRead(analogPin );
  if (analogValue < threshold ) {
    for(pos = 0; pos <=90; pos += 1) {
      myservo.write(pos);
      delay(15);
    }
    delay(3000);
    for(pos =90; pos>=0; pos-=1) {
      myservo.write(pos);
      delay(15);
    }
  }
}
```

〈Part.5〉

```
// 踏切信号機をつくろう
void setup( ) {
  pinMode(13, OUTPUT);
  pinMode(12, OUTPUT);
}

void loop( ) {
  int analogValue = analogRead(A0);

  if (analogValue< 250) {
    int i;
    for(i=0;i<10;i++){
      tone(6,675,500);
      digitalWrite(13, HIGH);
      delay(550);
```

```
    noTone(6);
    digitalWrite(13, LOW);
    tone(6, 675,500);
    digitalWrite(12, HIGH);
    delay(550);
    digitalWrite(12, LOW);
    noTone(6);
   }
 }
}

// 遮断機付き踏切警報機
#include <Servo.h>
Servo myservo;

void setup( ) {
 myservo.attach(9);
 pinMode(13, OUTPUT);
 pinMode(12, OUTPUT);
}
void loop( ) {
 int analogValue = analogRead(A0);
 if (analogValue< 250) {
   int i;
   for(i=0;i<10;i++){
     tone(6,675,500);
     digitalWrite(13, HIGH);
     delay(550);
     noTone(6);
     digitalWrite(13, LOW);
     tone(6, 675,500);
     digitalWrite(12, HIGH);
     delay(550);
     digitalWrite(12, LOW);
     noTone(6);
```

この本で使用したスケッチ

```
    myservo.write(90);
  }
  delay(1000);
  myservo.write(0);
  }
}
```

〈Part.6〉

```
// ターンテーブルを動かそう
#include <Stepper.h>
#define STEPS 200
Stepper stepper(STEPS, 8, 9, 10, 11);
int previous = 0;

void setup( ){
  Serial.begin(9600);
  stepper.setSpeed(5);
}

void loop( ){
  Serial.println(analogRead(A0));
  delay(100);
  int val = analogRead(0);
  stepper.step(val - previous);
  previous = val;
}
```

〈Part.7〉

```
// 自動運転をしてみよう
//12V の PWM 制御
void setup( ) {
  pinMode(10,OUTPUT);
  pinMode(11,OUTPUT);
```

Part ⑩ 最後に、ちょっとだけ専門用語のこと

```
}
void loop( ) {
  int vol=analogRead(A0)/4;
  analogWrite(10,vol);
  digitalWrite(11,LOW);
  delay(50);
}


// 行ったり来たり
void setup( ) {
  pinMode(10,OUTPUT);
  pinMode(11,OUTPUT);
}
void loop( ) {
  analogWrite(10,200);
  digitalWrite(11,LOW);
  delay(19000);

  analogWrite(10,LOW);
  digitalWrite(11,LOW);
  delay(5000);

  analogWrite(11,200);
  digitalWrite(10,LOW);
  delay(19000);

  analogWrite(11,LOW);
  digitalWrite(10,LOW);
  delay(5000);
}

// ポイントを切り替えながら、行
ったり来たり
void setup( ) {
  pinMode(10,OUTPUT);
```

//10と11番ピンは車両の前進、停
止、後進を制御

219

この本で使用したスケッチ

```
  pinMode(11,OUTPUT);
  pinMode(5,OUTPUT);            // 5と6番ピンはポイントを制御
  pinMode(6,OUTPUT);
}

void loop( ) {
  analogWrite(10,70);          // 5秒、前進
  digitalWrite(11,LOW);
  delay(5000);

  analogWrite(10,LOW);         // 2秒、停止
  digitalWrite(11,LOW);
  delay(2000);

  analogWrite(11,70);          // 5秒、後進
  digitalWrite(10,LOW);
  delay(5000);

  analogWrite(11,LOW);         // 2秒、停止
  digitalWrite(10,LOW);
  delay(2000);

  digitalWrite(5,HIGH);        // ポイントを内側に切り替え
  digitalWrite(6,LOW);
  delay(200);

  digitalWrite(5,LOW);
  digitalWrite(6,LOW);

  analogWrite(10,70);          // 5秒、前進
  digitalWrite(11,LOW);
  delay(5000);

  analogWrite(10,LOW);
  digitalWrite(11,LOW);
```

Part⓾ 最後に、ちょっとだけ専門用語のこと

```
  delay(2000);

  analogWrite(11,70);          // 5秒、後進
  digitalWrite(10,LOW);
  delay(5000);

  analogWrite(11,LOW);         // 2秒、停止
  digitalWrite(10,LOW);
  delay(2000);

  digitalWrite(5,LOW);
  digitalWrite(6,HIGH);        // ポイントを外側に切り替え
  delay(200);

  digitalWrite(5,LOW);
  digitalWrite(6,LOW);
}

// スイッチバック
void setup( ) {
  pinMode(10,OUTPUT);          //10と11番ピンは車両の前進、停
  pinMode(11,OUTPUT);          止、後進を制御
  pinMode(5,OUTPUT);           // 5と6番ピンはポイントAを制御
  pinMode(6,OUTPUT);
  pinMode(9,OUTPUT);           // 9と3番ピンはポイントBを制御
  pinMode(3,OUTPUT);
}
void loop( ) {
  analogWrite(10,LOW);         // 2秒、停止
  digitalWrite(11,LOW);
  delay(2000);

  analogWrite(10,60);          // 5秒、前進
  digitalWrite(11,LOW);
  delay(5000);
```

221

この本で使用したスケッチ

```
analogWrite(10,LOW);
  digitalWrite(11,LOW);
  delay(2000);

digitalWrite(6,LOW);
digitalWrite(3,LOW);
digitalWrite(5,HIGH);
digitalWrite(9,HIGH);
delay(200);

digitalWrite(6,LOW);
digitalWrite(3,LOW);
digitalWrite(5,LOW);
digitalWrite(9,LOW);

analogWrite(11,60);   //5秒、後
進
digitalWrite(10,LOW);
delay(5000);

analogWrite(11,LOW);  //2秒、停
止
digitalWrite(10,LOW);
delay(2000);

digitalWrite(5,LOW);
digitalWrite(9,LOW);
digitalWrite(6,HIGH);
digitalWrite(3,HIGH);
delay(200);

digitalWrite(5,LOW);
digitalWrite(9,LOW);
digitalWrite(6,LOW);
```

// 2秒、停止

// ポイントA を内側に切り替え
// ポイントB を内側に切り替え

// ポイントA を外側に切り替え
// ポイントB を外側に切り替え

222

Part⑩　最後に、ちょっとだけ専門用語のこと

```
digitalWrite(3,LOW);


analogWrite(10,60);          // 5秒、前進
digitalWrite(11,LOW);
delay(5000);


analogWrite(10,LOW);         // 2秒、停止
digitalWrite(11,LOW);
delay(2000);


analogWrite(11,60);          // 5秒、後進
digitalWrite(10,LOW);
delay(5000);


analogWrite(11,LOW);         // 2秒、停止
digitalWrite(10,LOW);
delay(2000);


digitalWrite(6,LOW);
digitalWrite(3,LOW);
digitalWrite(5,HIGH);        // ポイント A を内側に切り替え
digitalWrite(9,HIGH);        // ポイント B を内側に切り替え
delay(200);


digitalWrite(6,LOW);
digitalWrite(3,LOW);
digitalWrite(5,LOW);
digitalWrite(9,LOW);


analogWrite(10,60);          // 5秒、前進
digitalWrite(11,LOW);
delay(5000);


analogWrite(10,LOW);         // 2秒、停止
digitalWrite(11,LOW);
```

この本で使用したスケッチ

```
delay(2000);

digitalWrite(5,LOW);
digitalWrite(9,LOW);
digitalWrite(6,HIGH);         // ポイントA を外側に切り替え
digitalWrite(3,HIGH);         // ポイントB を外側に切り替え
delay(200);

digitalWrite(5,LOW);
digitalWrite(9,LOW);
digitalWrite(6,LOW);
digitalWrite(3,LOW);

analogWrite(11,60);           // 5秒、後進
digitalWrite(10,LOW);
delay(5000);
}
```

224

索 引

記 号

#define	141
#include	95,141
#include<Stepper.h>	141
*/	31,37
,	37
/*	31,37
//	31,34,37
;	66
+=1	96,122
<=	96
<Servo.h>	95
>	65,67

数 字

01.Basics	21
05.Control	63
2灯式信号機	73
3灯式信号機	76
4灯式信号機	79
5Vピン	61

A

A0	161
A0ピン	60,64,143,145

ACアダプター	15
analogRead(A0)	60,162
Analog Read Serial	57
analogValue	65,66
Arduino	3,12,182,209
Arduino日本語リファレンス	136
ATimega328P	182
Atimel社	184
Atmel	14

B

Blink	21,30,188,208

C

COM＊	19
const	64,79,141
CPU	182
CRD	43,163
C言語	208

D

DCジャック	160,199
DCモーター	90,134
delay	23,37,61,98,170
digitalWrite	33

索 引

E

EEPROM メモリ ……………………… 184
else …………………………………… 65

F

for 文 ……………… 95, 120, 124, 210

G

GND ………… 24, 42, 92, 137, 161, 195

H

HIGH ……………………… 32, 33, 158
HO ……………………………… 50, 84
HO ゲージ …………………………… 128
HO ナロー …………………………… 165

I

IC ソケット ………………………… 187
IDE ………………………………… 16, 209
If Statement Conditional ………… 63
if 文 ………………………………… 62, 209

L

LED …… 12, 41, 43, 45, 99, 110, 116,
   188, 194, 198
LED_BUILTIN ……………… 33, 34, 209

ledPin ……………………………… 79
LOW …………………… 32, 33, 158

M

mA …………………………………… 198
MDF ボード ……………………… 153, 174
MotorKnob ………………………… 139
myservo.write ……………… 96, 125

N

noTone ……………………………… 112
N ゲージ …… 69, 83, 103, 128, 152, 171

O

On18 ……………………………… 171, 174
OUTPUT …………………………… 33

P

pinMode ……………………… 33, 209
pos ………………………………… 95, 125
PWM 制御 …………………… 158, 167

S

sensorValue …………………… 60, 65
Serial.begin (9600) ………… 59, 145
Serial.println …………………… 60, 145
Servo ……………………………… 92

索　引

SRAM …………………………… 184
Stepper ………………………… 139
Stepper_oneStepAtATime …… 139
stepper.setSpeed ……………… 142
Stepper_speedControl ………… 139
Sweep ……………………… 92,101

T

threshold ………………………… 62
tone …………………………… 112
toneMultiple …………………… 110

U

USB ケーブル ………… 12,41,59,186
USB 変換モジュール ………… 186,191

V

V ……………………………… 198
void loop …………………… 34,60
void setup ………………… 34,59

あ

圧電振動板 ……………………… 113
圧電スピーカー ……………… 113,116
圧電ブザー ……………………… 110
アノード ………………………… 197
アンプ ……………………… 128,202

い

入れ替え信号機 ………………… 201

う

腕木信号機 ……………………… 94

え

エラーメッセージ ……………… 32,39
円周軌道 ………………………… 154

お

オーディオアンプ IC ……………… 202
オペアンプ ……………………… 202

か

回転子 …………………………… 134
回路図 …………………………… 194
カソード ………………………… 197
型 ………………………………… 209
可変抵抗器 ……………………… 196
カーボン抵抗 …… 24,41,43,61,163,
　　188,195
下路式 …………………………… 152
関数 ……………………………… 208
関数化 …………………………… 174

227

索 引

き

機械語 ···················· 40
基本ステップ角 ··········· 135
極性 ····················· 196

く

組み込み関数 ············· 209
クランク ·················· 98
クリスタル発振子 ········· 184

け

警報音 ··········· 110,114,117,121
警報機 ··········· 110,117,121,124
警報灯 ····················· 110

こ

交通信号機 ·················· 35
国際鉄道模型コンベンション ········ 56
コンパイル ·················· 40

さ

細密パイプ ··········· 50,51,83,128
鎖錠装置 ·················· 153
サーボモーター ········ 90,101,103,124
三角ヤスリ ·················· 51
三端子レギュレーター ·············· 185

し

シキイチ ····· 62,63,67,74,79,100,120
自己保持回路 ················ 200
システム関数 ················ 209
支柱 ······················· 83
実店舗 ····················· 204
自動運転 ··················· 165
遮断機 ·············· 90,103,110,124
ジャンパーワイヤー ·········· 13,61,101
上路式 ····················· 152
周波数 ···················· 113,114
瞬間接着剤 ·················· 50
順方向電圧降下 ··············· 198
順方向電流 ·················· 198
小信号高速スイッチング・ダイオード ·················· 163,197
シリアルモニタ ·············· 59,74
白ボール紙 ·················· 153
信号灯 ······················ 12
真鍮線 ··················· 84,103
真鍮帯板 ··················· 103
真鍮板 ····················· 50

す

スイッチバック ················ 174
スイッチング AC アダプター ··· 137,160,185
スケッチ ···· 16,32,94,100,112,116,126,142,162,174,191,208,211
スケッチ例 ················ 21,57,92

索　引

スチレンボード ……………………… 174
ステッピングモーター …… 134,136,
　139,145,148

せ

背板 …………………………………… 83
整流ダイオード ………… 160,168,197
積層セラミックコンデンサ …… 160,
　185,196
接続線 ……………………………… 195
接点容量 …………………………… 201
セメダインスーパーX ……………… 50
セラミックコンデンサ ……… 163,185
セラミック発振子 ………………… 184
センサー値 …………………………… 60

た

ターンテーブル ……… 134,141,144,
　149,151
ダイオード …………………………… 43
タクトスイッチ …………………… 189

ち

チップ LED …… 45,46,48,50,69,83,
　128,158
チップ LED1608 ………… 45,46,47,50
超音波センサー ……………………… 58

て

抵抗値 ……………………………… 199
定電流ダイオード …………… 197,199
テキストコンソール ………………… 32
デジタル信号 ………………… 90,134
デバイスマネージャー ……………… 19
電圧 …………………………………… 48
電解コンデンサ ……………… 160,196
電源電圧 …………………………… 195
電子回路 …………………………… 194
電流 …………………………………… 25

と

灯箱 …………………………………… 83
透明プラ棒 …………………………… 50
トランジスタ ………………………… 56
トランジスタアレイ …… 136,139,143
ドリル …………………………… 26,154

ね

熱収縮チューブ ………………… 25,26
ネット通販 ………………………… 204

は

バイポーラ型 ……………………… 135
発光ダイオード ……………………… 43
パルス幅変調 ……………………… 158
半固定抵抗器 ……………………… 196

229

索　引

はんだゴテ ……………… 13,46,47
はんだ付け ……………… 13,46,47
半導体 …………………………… 182

ひ

光センサー ……… 56,61,74,82,99,119
光ファイバー ………………… 25,27
引数 ……………………………… 208
ヒサシ …………………………… 83
ピンソケット …………………… 14
ピンバイス …………………… 26,51

ふ

ファイル ……………………… 21,40
プッシュスイッチ ………… 147,200
ブートローダ ………………… 184
フラッシュメモリ …………… 184
プラバン ……………………… 50,103
ブレッドボード … 13,61,101,143,186
プレートガーター ……… 134,150,151

へ

変数 ……………………………… 208

ほ

ポイントマシン ………………… 170
保存 ……………………………… 40

保守用ハシゴ …………………… 83
ポリウレタン銅線 ……… 47,69,83,128
ボリューム ……… 139,143,145,148,
　160,196
ホールセンサー ………………… 58
ホーン ………………… 90,98,103

ま

マイコンボード ……………… 3,184

め

メモリ …………………………… 182

も

モータードライバ …… 104,136,139,
　160,165,174
元に戻す ………………………… 38
戻り値 …………………………… 209

ゆ

ユニポーラ型 ………………… 135,137

り

リセットボタン ………………… 178
リードスイッチ ………………… 58
リレー ………………………… 56,200

230

■著者紹介

内藤　春雄（ないとう・はるお）

ライター。鉄道模型愛好家。小学生の頃から HO ゲージに親しみ、鉄道模型専門誌でも作品を紹介される。現在 HO ナロー、N ゲージ、On18、などジャンルを問わず、手作りをモットーに、レイアウトや車両に電子回路を組み込み、鉄道模型を楽しんでいる。著書に『地中熱利用ヒートポンプの基本がわかる本』（オーム社）など、エネルギー、文化ジャンルで多数。

※本書の Part.10 に掲載しているスケッチ〈Part.1〉～〈Part.7〉の全ソースコードは、技術評論社の下記サイトからダウンロードできます。

https://gihyo.jp/book/2018/978-4-7741-9919-1/support

簡単なプログラムで信号機や踏切遮断機を
動かす！

Arduinoで楽しむ鉄道模型

2018 年 8 月 8 日　初版　第 1 刷発行

著　者	内藤春雄
発行者	片岡　巖
発行所	株式会社 技術評論社
	東京都新宿区市谷左内町 21-13
	電話　03-3513-6150　販売促進部
	03-3267-2270　書籍編集部
印刷／製本	港北出版印刷株式会社

●装丁＆本文イラスト　　田中　望
●組版＆トレース　　　　株式会社キャップス
●編集　　　　　　　　　谷戸伸好

定価はカバーに印刷してあります。

本書の一部または全部を著作権法の定める範囲を超え、無断で複写、複製、転載、テープ化、ファイル化することを禁じます。

造本には細心の注意を払っておりますが、万一、乱丁（ページの乱れ）や落丁（ページの抜け）がございましたら、小社販売促進部までお送りください。送料小社負担にてお取り替えいたします。

©2018　内藤春雄

ISBN978-4-7741-9919-1　C0076

Printed in Japan

■お願い

　本書に関するご質問については、本書に記載されている内容に関するもののみとさせていただきます。本書の内容と関係のないご質問につきましては、一切お答えできませんので、あらかじめご了承ください。また、電話でのご質問は受け付けておりませんので、FAX か書面にて下記までお送りください。

　なお、ご質問の際には、書名と該当ページ、返信先を明記してくださいますよう、お願いいたします。

　宛先：〒162-0846
　　　　東京都新宿区市谷左内町21-13
　　　　株式会社技術評論社　書籍編集部
　　　　「Arduinoで楽しむ鉄道模型」質問係
　　　　FAX：03-3267-2271

　ご質問の際に記載いただいた個人情報は質問の返答以外の目的には使用いたしません。また、質問の返答後は速やかに削除させていただきます。

Arduinoで楽しい鉄道模型実験ボードについて

本実験ボードは Arduino 互換マイコンを実験ボード上に搭載し Part1 から Part7 まで各 Part で解説された自動点滅による信号機や、サーボモーターを使った遮断機などの製作に必要な回路をボード上の各ゾーンに配置、Arduino 互換マイコンと各ゾーンの配線を差し替えることによりブロック感覚で各 Part の制御実験を楽しめる電子工作初心者のための総合学習基板です。購入後、すぐに実験を始められる組立済みのほか、ご自分ではんだ付けを行うキット版の2種をご用意しております。

＊LED、各モータなど別途ご用意が必要です。

Arduinoで楽しむ 鉄道模型実験ボード 組立済み
型　番：ADGH07P
JAN：4562469771328

Arduinoで楽しむ 鉄道模型実験ボード キット
型　番：ADGH07K
JAN：4562469771311

〈店頭予想売価〉オープン価格
（店頭想定売価　組立済み￥7,980程度、キット版￥5,980程度（ともに税抜き））
URL: http://bit-trade-one.co.jp/

● **販売取扱店**
シリコンハウス各店，千石電商各店，ツクモ Robot 王国，デジット各店，マルツエレック各店

● **WEBショップ**
Amazon, 共立エレショップ，ビット・トレード・ワン公式など各オンラインショップにて